拡大しない経営

right size

right size

水尾恒雅
MIZUO TSUNEYOSHI

幻冬舎MC

拡大しない経営

はじめに

独自のサービスや商品で売上を伸ばして事業を拡大させる――。

経営者であれば一度はこのような夢を抱く人は少なくないはずです。しかしその反面、組織が大きくなると人材や設備、データなどが増えるため新たに人材・業務を振り分けなければなりません。また社内での情報伝達の遅延や齟齬が起こるリスクも増え、意思決定に時間を要するようになります。つまり、事業を拡大するほど経営者として組織のマネジメントに注力しなければならず、自らの手でゼロから何かをつくり出したい、好きなことをとことん追求したいといった起業時に抱いた志を果たすことが難しくなってしまうのです。

この現状を鑑みると、事業を拡大していくことだけが必ずしも経営の正解とはいえません。特に経営者自身が現役技術者である場合、自分のやりたいことをとことんやり抜くためには、事業規模を維持しながら会社を存続させていく「拡大しない経営」が求められるのです。

私自身、ソフトウェア製品をつくりたいという一心で30歳のときに脱サラし独立、ソフトウェア開発の分野で40年以上、拡大しない経営を続けてきました。経営者でありながら技術者でもありたいという思いは創業当初から一貫しており、社内コンペには毎回必ず参加しています。そして、技術者として社員たちに交じってプレゼンを行い、立場に関係なく意見を言い合うのです。こうした時間が会社を経営するうえで大きなモチベーションの一つになっています。また従業員30人という規模はここ20年以上変わらず、社内の情報共有は迅速そのものです。それにより早い段階で経営リスクに対処し、事業戦略も柔軟な舵取りによってブルーオーシャンを開拓し続けることが可能となり、すべて自身の責任において躊躇なく新しいことに挑戦し続けていくことができています。

本書は、未来の予測が難しく不透明な時代において、起業を成功させる唯一解といってもいい「拡大しない経営」のメリットやマインドについて、私自身の歩みを振り返りながら説明するものです。この一冊が、これから起業しようと考えている人や起業したばかりの人の背中を押すことになれば、これ以上望むことはありません。

目次

はじめに　2

序章
迅速な意思決定と組織全体の見える化が困難……
事業を拡大することだけが社長業の正解ではない

日本国内における起業の動向　12
・失敗したら挽回できない国　14
「会社の寿命30年」説は過去の話　16
・VUCA時代の企業寿命とは　18
大企業の社長像　21
・憎まれ役を担う大企業社長　23
大規模組織のデメリット　25
・意思決定に時間を要する　25

・リスクを避ける社風が形成される 27
・思いが浸透しにくい 29
・たくさんの意見を吸い上げる必要がある 31
・組織内の対立が起きやすい 32
・やりたいようにやれない 33

第1章

組織を大きくしないからこそ長くやりたいことを貫ける「拡大しない経営」のメリット

中小企業の社長像 38
社長像の正解とは 41
・設立時にマネジメント能力は不要 43
小さな組織の会社の魅力と価値 45
・すべての責任を背負える充実感 47
自分の理念を貫ける 48

好きなことに好きなだけ時間を注げる　51
人間関係の余計な摩擦が少ない　53
次への挑戦に資産を投じやすい　55
「一発一中」が狙える　57
ニッチな市場でも生き残れる　59
「拡大しない」と「成長しない」は違う　61

第2章

競争優位に立てる大手不在のニッチな市場を切り拓く
大手との差別化を狙った独自のマルチタスクモニター

大手と差別化できる小さな組織ならではの武器　66
コンピューターとの出会い　67
プログラムいじりに熱中する日々　69
顧客の課題を解決するアプリケーション　71
バグとの戦い　73

海外赴任で広がる視野　75
人生観のアップデート　77
コンピューターのプロフェッショナルを目指して　79
アメリカ留学のチャンス　82
受託開発で軌道に乗せる　83
技術職のついでに社長業　85
人を雇う難しさ　87
雇用は0から1が最難関　88
商品化の起点は「ユニーク＋継承」　91
独自路線から生み出されたマルチタスクモニター　94
音声応答システムとの出会い　99
他社に真似できないユニークなシステムを　103
一貫したコンセプトが経営を長続きさせる　106
拡大しないからこそ守れた理念とコンセプト　108

第3章

迅速な意思決定により早い段階で経営リスクに対処できるすばやい製品改良で情報通信産業の構造転換を乗り越える

ＩＴ業界の地殻変動　114
堕ちていく企業と踏ん張る企業　116
新時代と折り合いをつけた商品開発　118
・最後のオリジナルハードウェア　120
ＩＴバブルの甘い誘惑　123
「認めてもらうこと」に固執しない　126
・救済措置で安心する経営者　128
「売れる」までの険しい道のり　131
・商品を生み出す喜び　133
拡大しないからこそ順応できた変革の時代　136
・転換期を乗り越える秘訣は抵抗力ではなく対応力　138

第4章

柔軟な事業戦略の舵取りで
ブルーオーシャンを開拓し続けられる
電話回線領域で生み出した超ロングセラー商品

課題解決がブルーオーシャン開拓の糸口　142
「電話屋さん」に本格参入　143
拡大しない会社のウイークポイント　147
・マイナスを覆すプラスを用意する　149
縁あってブルーオーシャンに飛び込む　151
ユニークな商品だからこその苦悩　155
アメリカ同時多発テロ後に受注激減　158
・「まだなんとかなるだろう」が最も危険　160
オペレーター業務を効率化する「QuickCRM」の開発　162
・顧客対応窓口が迎える新たな局面　165
拡大しないからこそ参入できた新領域　168
「現場の担当者が業務を構築できる」のが理想　171

第5章

システム開発一筋40年、社員30人という〝完成形〟ナレッジを蓄積しニーズに応え続けられる老舗企業へ――

拡大しない経営の行動基準は「継承できるかどうか」にある　174
継承によって生まれるユニークな商品たち　175
多機能より唯一無二の独自性を磨け！　177
・性能よりもまず発想から　180
物真似だけでは継続できない　182
ヒアリングに創造なし　185
会社・商品・サービスの「表現力」を育てよ　188
顧客本位のビジネスモデル　192
・マーケットの反応がすべて　195

おわりに　197

序章

迅速な意思決定と組織全体の見える化が困難……

事業を拡大することだけが社長業の正解ではない

日本国内における起業の動向

総務省発表の就業構造基本調査によると、自分で事業を興したいと考えている起業希望者は、２００７年から２０１７年にかけて減少傾向にありました。また、起業の準備を進めている人や実際に起業した人も、２００７年から２０１７年にかけて減少傾向となっています。

なぜ起業をしたい人や起業をする人が減っているのか、それには日本の景気が関係しているほか、人口の減少というのも一端にはあると考えられます。いずれにせよ確実にいえるのは、起業を目指す人が減れば減るほど、世界に名を馳せる有望な企業が日本から誕生する可能性は低くなるということです。

平成以降の30年余り、世界に名を轟かせるまでに急成長を遂げた大企業は、いずれも数人でスタートアップした、設立当初は吹けば飛ぶような企業でした。例えばAmazonは１９９３年にジェフ・ベゾスが一人で立ち上げましたし、Googleは１９９８年にラリー・ペイジとセルゲイ・ブリンの二人によって設立されました。これから先もこのような世界レベルで認知される企業が、世界のどこからでも出てくる可能性は十分に考えられますが、日本においては起業人口の推移を考慮すると期待は薄そうです。

さらに直近で実施された、起業への関心度合いに関する調査も見ていくと、日本政策金融公庫総合研究所の「起業と起業意識に関する調査（2021年）」によれば、起業に関心のある18歳から69歳までの男女の割合は全体の14・9％で、起業に無関心の人は57・5％でした。起業に対して興味をもっている人自体が少ないということがこのデータから分かります。

起業したい人も、起業に興味がある人も少ない——この事実は、日本経済の停滞どころか、衰退をも予感させます。

日本の経済が復活するためには、起業したい人や実際に起業する人が増えるべきであり、この実現には日本政府の支援は欠かせません。2022年に政府は、日本経済の成長と課題解決の促進のため「スタートアップ育成5か年計画」を立案しました。ベンチャー企業や設立間もない中小企業のために積極的な融資を促すためのプランですが、果たしてこれら支援策に起業に興味のない人たちを振り向かせるまでの魅力があるのか、疑問符は消えません。

そもそも資金面での支援だけでは新事業は育ちません。スタートアップ企業が欲しいのはお金だけではなく、仕事も必要としているのです。アメリカでは政府調達（政府機関や地方政府等公共セクターが購入またはリースによって行う物品およびサービスの調達）の際、新しい企業も調達源にするよう一定のルールを設けています。しかし日本の場合は過去の業績から調達先を見繕う傾向があるため、付き合いの長い会社が選ばれ、若い会社が入る余地はないのです。つまり日本はお金を貸したり税制優遇は設けたりしても、事業を共有し合って一緒に新会社を盛り上げていく支援は不足している状況です。

この点からも、日本は起業に対してまだまだ後ろ向きであることは否めません。多方面の視点から支援する体制を整えることが目下の課題となりそうです。

・失敗したら挽回できない国

日本国内での起業数が少ない理由には、支援体制の不足といった日本の現状が関係しています。そしてなかでも起業に対して後ろ向きになってしまう一番の理由は、日本における起業リスクの大きさにあるといえます。

日本にはいまだに失敗を極端にネガティブにとらえる傾向があります。会社員は一度のミスが命取りとなり、出世が遅れてしまうような企業もまだまだ存在します。起業して仮に失敗してしまうと、経歴に傷がついたとみなされて、チャレンジしたことに対する評価がされないのです。

起業すれば大金持ちになれるかもしれませんが、失敗によるリスクも当然あります。そのリスクと勤め人として安定した給料を得る安心とを天秤にかけると、多くの日本人が後者を選ぶのです。そのような理由から起業に対して積極的になれず、仮に革新的な事業アイデアが浮かんだとしても、一歩足を踏み出すことができないのです。

しかし一方で、日本政策金融公庫総合研究所が、起業経験のある人を調査したところ、起業したことに対する満足度は高い傾向となっています。自由に仕事ができた、仕事の経験・知識や資格を活かせた、自分の技術やアイデアを試せたことなどを起業して良かった理由として挙げており、大きな後悔を感じている人は少ないという調査結果が出ています。

失敗に対するネガティブなイメージがある一方で、実際には起業の結果がどうであれ得られるものは大きいのです。

「会社の寿命30年」説は過去の話

起業をすることは確かにリスクのある決断であり、勇気がいることは否めません。しかし一方で、長く会社員として企業に勤め続けることが、果たしてリスクの低いことといえるのかと私は考えます。

日本も転職が盛んに行われる国へと変容しているものの、一つの企業で入社から定年まで勤め上げることが模範的な社会人であり、安定した人生を形成するという観念がいまだにこびりついているようです。そのため、多くの求職者は創業からの年数が長く、安定した給料が得られて、将来にわたっても安定した経営が続くであろう企業への就職を希望します。

しかし、現状で盤石な収益基盤を築いている企業といえど、本当に未来永劫に安泰だといえるのかは疑問です。１９８３年に日経ビジネスが提唱した「日本の会社寿命30年説」は当時から賛否両論を呼び、今も定期的に取り上げられる話題です。過去１００年にわたって、10年ごとの総資産額や売上の多いトップ１００企業を調査したところ、３

回以上ランクインする企業は少なく、1社あたり平均で2・5回だったというのが「会社寿命30年」ということの論拠になっています。単純計算で、大企業と呼ばれる日本の企業が隆盛を極める期間は、せいぜい25年程度であるということです。寿命というとやや誇張が過ぎますが、日本が誇る大企業であっても栄枯盛衰の時は必ずあるということです。

2020年、新型コロナウイルスが猛威を振るうなかにあっては、税制上における大企業のうちのおよそ1000社が減資を行い、中小企業に姿を変えました。これは税の負担を下げるための対策であり一時的な判断ではあるものの、未曾有の出来事によって大企業でさえ苦渋の決断を強いられることが明らかとなっています。

パンデミックだけではありません。新技術の登場によって存在価値を失ってしまった企業も多くあります。例えばIT技術の進化に伴う市場のグローバル化によって、経済競争は激しくなる一方です。日本は海外勢力に押され気味であり、経済成長の一途をたどっていたかつての日本の元気な姿は見る影もなく、平成の時代は失われた30年とも呼ばれています。

国内でいまだ勢いのある有名企業というと、いわゆるホールディングス業を主たる事業としていて、資産運用と経営戦略に専念し、子だくさんな企業ばかりというのが現状です。つまり、多方面に事業を展開する子会社をたくさんもってリスクを分散し、採算の取れない事業は早々に撤退して有望なところだけを残していくような戦略を築いているのです。

・VUCA時代の企業寿命とは

東京商工リサーチの調査によれば、2021年の国内157万社における創業から廃業までの平均年齢は34・1年でした。産業別で見ると製造業が最も息が長く平均42・1年、短命は情報通信業で平均23・1年となっています。

さらに2021年に倒産した企業の平均寿命は23・8年でした。国内企業全体の平均年齢に比べ10年以上も差がある点から、経営が軌道に乗らず短命で力尽きてしまう企業が多いことがうかがえます。

10年や20年の間、安定した経営が続いている企業であっても、その10年後も生き残っている可能性は低いといえます。大学卒業後から引退までの40年以上を同じ企業で勤め上げるのはもはや夢物語なのです。

また同じデータでは、30年以上の老舗企業の倒産割合は増加傾向という結果も出ています。老舗企業が倒産する理由もさまざまあるでしょうが、多くは隆盛期に油断して組織内の規律が緩慢になっていたり、売上が落ち込んでも成功体験に固執したりして現実を直視した有効な対策が打てないといったことが考えられます。時代の変化についていけないことが転落の始まり、というのが定番のようです。

現代はＶＵＣＡ《ブーカ》時代と呼ばれています。ＶＵＣＡとはVolatility（変動性）、Uncertainty（不確実性）、Complexity（複雑性）、Ambiguity（あいまい性）の頭文字を取ったもので、予測が極めて困難な時代であることを示唆しています。気象変動による災害や地政学によるリスク、新型コロナウイルスによるパンデミックなど、人類が経験したことのない要素が複雑に絡み合った世の中では、未来の見通しもつかず、正しい生き方や目指すべき経済のあり方を誰も断言できません。これまでのやり方が通用しなくなってきているのです。50年前から続いている老舗が、50年前と同じやり方で経営を続けることなどできるわけがないのです。

加えて日本では、30年40年と経営を続けてきた企業の多くがちょうど代替わりを迎えます。カリスマ性の高かった経営者が次代へとバトンタッチした途端、業績が低迷して見る影もなくなってしまうことはよくある話です。あるいは後継者が見つからずに事業を畳むところも増えています。

実際に現在の日本のトップ企業を眺めると、まさにカリスマ的なトップによって経営が支えられているところが多いように見受けられ、高齢化に伴って後継者の育成・発掘に悩んでいることも見て取れます。一度後継者に引き継いでも、経営が傾いてしまい再び経営者として戻ってくるといったパターンも見聞きします。老いゆくカリスマトップからの承継がうまくできなければ、大企業であってもあっという間に転げ落ちることになるかもしれないのです。

かつて日経ビジネスが打ち立てた「会社の寿命30年説」も、もう昔の話です。未来が見通しづらくなったＶＵＣＡ時代、そして日本では高齢化と人材難が進むことから、企業の寿命はより短くなることが予想されます。

このような現状にあって、経営者になるよりも勤め人であることのほうがお金や人生のリスクを低減させるとは、私には到底思えません。

大企業の社長像

社長業に憧れを抱けないというのも、起業に積極的になれない理由の一つといえます。社長の役割というと、経営計画を練り上げたり、資金調達のために奔走したり、対外交渉に勤しんだりなど、企業の業種や状況によってさまざまあります。従業員の雇用と生活を守らなければなりませんし、取引先や顧客との関係を円滑に保つための努力も必要です。企業のトップであるからこそ、一つひとつの仕事が責任重大であり孤独であり、傍から見ると社長業に魅力を感じられない人もいるはずです。

特に大企業となれば、社長はたくさんの従業員に加え、取引先、顧客、そして金融機関や株主など、多くの組織や大勢の人物とつながっています。もし経営が傾くようなことがあれば、それら関係者たちを裏切ることにもなってしまいます。関係者や地域、あるいは国の期待に応えるため、大企業は常に事業拡大を続けていくべきであり、規模を縮小するようなことがあればたちまち魅力を失います。四半期ごとに公表する決算の内容が良くなければ、株主は離れ、企業価値が下がり、金融機関からの融資も乏しくなってしまいます。また、その影響で従業員が離れることになれば事業の質が落ち、取引先や顧客にも見捨てられてしまいます。

このように企業の規模が大きくなればなるほど、株主をはじめとした多くの人々の反応や動向を気にかけつつ、責任の重圧のなかで経営を続けなければなりません。極めて冒険的でリスクの高い采配を振ることはできないわけです。とにかく経営が下り坂に差し掛からないよう、的確な判断を下していくことが重大任務であり、自分の好きなように経営をすることは許されません。そのような窮屈さのなかで働く大企業の社長の姿を目の当たりにすると、私たちも憧れを抱きにくくなります。

実際、大企業の社長となると自分の理想に基づいて事業を展開し会社を思いどおりにしていくというイメージからは遠ざかります。これまで私も、元は技術者であった大企業の社長と交流する機会を何度かもつことがありましたが、その場で出てくる話題といえばゴルフのことばかりで、技術的な話を披露する機会はなく、期待はずれで失望した経験があります。具体的な商談の話をもちかけようものなら、あとのことは担当の者が話を聞きに行くから、と言われるだけで、私の技術に熱心に耳を傾けてくれた大企業の社長はほんの一握りでした。

彼らは経営のプロなので、対外交渉がうまくお金の運用術も優れているかと思います。しかし大きな組織のリーダーとなると個々の人材や技術・知識といった会社の中身そのものからは距離があいてしまい、自らの知見で判断する力を弱めていく場合があります。これはある意味で当然のことではありますが、行き過ぎるとそれぞれの担当部署が力をもち過ぎることになり、自浄作用の乏しい組織を形成してしまうことにつながるのだと客観的に見て感じます。その結果が現代の元気のない大企業、あるいは汚職や不正の蔓延した大企業の姿をつくってしまったと考えられます。

・憎まれ役を担う大企業社長

日本はGDP成長率が先進国のなかでは特に低く、賃金上昇の兆しも見られない慢性的な不況が続いています。大企業も例外ではなく、バブル崩壊後は苦しい経営が続いているところも多く、また先行き不透明なVUCA時代突入にあたって抜本的な構造改革が迫られている企業も少なくありません。

そこで一部の大企業のなかには、事業規模の縮小やリストラの断行をミッションとする社長を就任させる場合もあります。いわば冷徹でビジネスライクに特化した思想をもった人間でないと務まらない役職です。

社外から招かれ就任した社長が選択と集中という名の大規模経費削減策を敢行し、収益を改善させて窮地を逃れた大企業というのも、この失われた30年のなかで何社か実在しました。社内の平和ボケした人材ではまかなえない一大ミッションを雇われ社長が担い、大鉈を振るうというわけです。このような大企業のなかには主軸だった事業を切り捨てて新しい事業に集中し、かつての原形をとどめていない企業もあります。もはやそこには創業者の志などは残っていません。

隆盛の時を終えて下り坂にある大企業をいかにして生きながらえさせるかという手段を講じることが現代を生きる社長の仕事であるとしたら、起業してトップに就き組織を大きくしていくことにピンとこない人が多いのも当然の話といえます。社長業というのは憧れを抱くことのできない仕事で、まったく楽しそうには見えず、むしろ人に恨まれるような役割だとネガティブに感じられてしまうのも仕方ありません。

大規模組織のデメリット

そもそも起業することは組織を大きくしていくことが前提にあるべきなのか、従業員を増やし、売上を伸ばし、事業を拡大していくことだけが正しい経営の形なのか、40年の会社経営を経験した私はこの点に大きな疑問を感じています。

私もかつては大きな組織の一員でした。安定した収入と充実した福利厚生や労働環境は確かに魅力的ではありましたが、その一方でネガティブな面もいくつか経験しました。具体的に大規模組織にはどういったデメリットがあるのか、経営者側の視点に加えて組織に属する従業員の視点も絡めつつ、検証していきます。

・意思決定に時間を要する

組織の規模が大きくなればなるほど、意思決定と決定内容の浸透統一までに時間を要することは避けられません。たとえトップに君臨する社長の発案であっても、その一存だけですぐには実行されず、役員や各部門長などを交えて慎重な議論を重ねることになります。全員が納得できるところまで意見をまとめてからようやく動き出すのですから、それだけでも相当な時間を要します。

つまり大企業ほど腰が重いということです。ようやくその重い腰を上げた頃には、新しいチャレンジのはずがすでに後発組となっていたり、ムーブメントが去ったあとで時すでに遅しだったりすることもあるわけです。

意思決定の遅さは社員側から見ても大きな不満の種となります。私も会社員時代、自分のアイデアでソフトウェアの開発がしたくて直属の上司に提案をしたことがありました。上司は私に協力的で、役員会議で議題に出してみるよ、と乗り気だったのですが、そこから長いこと待たされました。焦らされた挙句、明確な理由を告げられることもないまま企画は立ち消えとなってしまいました。だめならだめで早く分かればそれを踏まえて次の開発に取り組めるのですが、ただ待たされている間というのは身動きが取りにくいものです。上司にその不満をこぼすと、社長がなかなか前向きになってくれないなどと言葉を濁していましたが、このときばかりは会社の意思決定の遅さに失望を感じずにはいられませんでした。

目まぐるしく世の中が動いている現代においては、決断の速さが企業の生命線ともいえますが、それでもなお日本の大企業は意思決定に時間を要しています。これが企業の寿命を縮め、日本経済の衰退を招く一端となっていますが、なかなか改善の兆しは見られません。

・リスクを避ける社風が形成される

企業が大きくなればなるほど従業員、顧客、株主、取引先、金融機関など、いわゆるステークホルダーが増えていきます。特に経営者に対する株主の目は厳しく、期待に応えられず見切りをつけられてしまうようなことがあれば、企業価値を落としてしまい、ほかのステークホルダーからの信用をも失ってしまうことになります。株主はとにかく業績が右肩上がりであり続けること、拡大をし続けていくことを望んでいますから、経営者もそれに呼応した経営判断を下さなければなりません。そうなると自然と無難な方向へと舵を切るようになります。無謀なチャレンジなどもってのほか、極力リスクを回避した社風が形成されていきます。

社内人事においても同様のことがいえます。大規模組織で部下を抱えている中堅社員は、自分の地位が保持されること、そして無難に業務をこなして出世リストに名を連ねておくことを念頭において仕事をこなします。自身のチームでリスクの高い挑戦をして、会社に損害を出してしまったら、責任を問われるのはチームリーダーです。したがって、冒険をせず無難に与えられた業務をこなすチームづくりに徹底します。チームの構成員にも当然のようにリスク回避の社風は伝染していきます。会社にいれば安泰だからとヘマをしないことだけに終始し、上司からのお達しに従い、与えられた業務だけをこなすのです。

しかし皮肉なことに、無難な采配と安泰を追求したがゆえに、冒険をしない人材だけが会社に居残ってしまい、チャレンジ精神旺盛で有能な人材は外へ出て行くという悪循環に陥る大企業が存在します。

リスクを避けがちで、目の前に用意された課題だけをこなしていく社風というのは、人材育成においては大きなマイナス要素です。与えられているものだけこなせば評価されるという働きやすさはあるのかもしれませんが、チャレンジなくして成長はありません。人材が成長しないまま組織が拡大を続けると、図体だけは大きく中身が乏しい組織になってしまいます。イノベーションや金融ショックなど時代が歴史的な局面を迎えたとき、中身のない企業は対応しきれず、経営難となり規模縮小を余儀なくされます。そのときに最初にリストラの声が掛かるのは、現状維持に終始し成長するチャンスをもたなかった社員たちなのです。そしてそれはリスク回避の社風に忠実だったためだと考えると、企業が彼らに成長のチャンスを与えなかったという見方につながります。

成長するチャンスを与えられない企業にいること自体が本来であれば大きなリスクです。特に将来の予測が困難なＶＵＣＡの時代においては、チャレンジに伴うリスクを避け、安定することを良しとする社風は致命的といえます。

・思いが浸透しにくい

組織がどのような目標や理念を抱き、社会にどのような影響を与えたいのか、従業員や顧客や取引先など関わる人たちにどのようなメリットをもたらしたいのかといった思いや願いは、会社にとって中心核ともいえるものです。これらは会社設立時には少人数の従業員たちと分かち合うことが容易ですが、組織が大きくなっていくにつれ、末端までの浸透が困難となっていきます。

社内に浸透していなければ、取引先や顧客にも伝わりません。社長自身、多忙な日々のなかで当初に抱いていた目標や理念を見失ってしまうこともあります。

有名企業をはじめ、企業理念やステートメントを大々的に掲げている大企業でさえ、時に会社存続すら危ぶまれる不祥事を起こすことがあります。

例えば、安全安心な食べ物を顧客に届けるという理念を掲げている会社であっても、異物の混入騒ぎが起きることがあります。なにかしらのミスが原因であれば対策を練ることで再発を防ぐことができ、会社の次への成長へとつながります。地道な企業努力を続けていけば信頼も回復できるはずです。しかし従業員の故意による混入事件であれば、会社の信頼はどん底にまで落ち、二度と這い上がれない状況にまで追い込まれてしまいます。

このような事態が起きてしまうのは、そもそも理念の浸透が組織のすみずみまでに行き届いていないからです。会社の思いが全従業員に行き届いていれば、故意に異物を混入させるという、会社の理念から逸脱した行為は起こりようがないはずです。

理念が浸透していないことで不祥事が起こる可能性は、企業の規模が大きければ大きいほど高くなりやすいのです。これも大規模組織ゆえのデメリットといえます。

・たくさんの意見を吸い上げる必要がある

大きな組織ほど、全員の意見を束ねるのは難しくなります。何か新しいことに着手するにしても、それぞれの立場から意見を集めることで、いわば妥協点でアウトプットされてしまう場合が多くを占めます。

以前、私の会社が仮想86モードを備えた製品をリリースしたときに、大手企業からそのノウハウを利用して新たに自社製品を開発したいと相談を受けました。その企業がもともと使っていた製品は、開発時にさまざまな組織から機能を追加したいと要望があり、あれもこれもとすべて搭載したところ、かえって使いづらい製品になってしまったという経緯がありました。そのため、再度仮想86モードをベースにシンプルな製品をつくったほうが現場でも使いやすいという結論に至ったのです。

同様の話は電化製品にもあります。ビデオデッキや携帯電話などは、ユーザーが一度も使わないような機能で溢れ、その分、価格が高くなって売れない、というのはよくある話です。この例のように、全体の意見を取り入れて全体のためになるものをつくろうとしたところ、結局は誰にとっても使いづらいものが出来上がってしまうという、本末転倒な結果を招くことは、組織の規模が大きいほど起こりやすくなります。意見を束ねる役割を担うトップは、全員の意見を尊重した着地点を模索することに四苦八苦するばかりで、本質的なところに目を向ける余裕を失ってしまうのです。

全員を納得させることにばかり執着して本来の目的を見失った結果、プロジェクトが失敗に終わってしまうというのは、大規模組織が抱える課題であり、デメリットの一つといえます。

・組織内の対立が起きやすい

組織に属する人が多くなればなるほど考え方も多様化します。そのなかには両立できないものもあり、忌み嫌うほどの仲違いを生み出してしまうこともあります。時には部署間で反発し合い、あそこは気に食わないから情報を渡さないといった非協力的な場面が発生し、経営に支障をきたすこともあります。

出世競争や派閥争いというのは、大きな組織にはつきものです。挙句には根回しや政治的な活動ばかりに時間を費やして、本来の業務にまったく力が入っていない重役も数多く見てきました。大規模組織のトップは、人間関係に起因したしがらみにつきまとわれ続けることになります。

組織内での対立が激化すると、事業の継続が困難になる事態も起こり得ます。従業員だけでなく顧客や取引先にも迷惑をかけてしまい、会社の信頼を大きく損なうことになってしまいます。事態の収拾を図るには、組織の規模が大きいほど時間と労力が必要です。

・やりたいようにやれない

いくつか大規模組織のデメリットを挙げましたが、これらをまとめて表現するのであれば「やりたいようにやれない」に集約されます。

誰もが最初は、自分のやりたいことで稼いでいくことを心の糧として起業します。しかし企業のサイズを大きくすればするほど、意見の統一や社内抗争の鎮圧など組織維持のためのマネジメント業務に力を傾けることになり、当初に抱いていたやりたいことがやりづらくなってしまうのです。

もう20年以上も前ですが、ある大企業から私のところへ商談がもちかけられました。担当者は私の会社の商品コンセプトをたいへん気に入ってくれ、絶対に社内のシステムとして採用したいと積極的でした。そこからとんとん拍子で話が進むと思ったのですが、その担当者が社内で稟議にかけたところ、思いもよらない展開が待ち受けていました。役員たちから、そんな小さな会社のソフトウェアを採用して大丈夫か、5年後もこの会社が存続している保証はあるのか、失敗したら誰が責任を取るのか、といった否定的な意見ばかりが飛び交い、商品の内容についての検討にまで至らなかったというのです。

結局商談は成立せず、私も非常に残念でしたし、担当者もひどく落胆していました。悔しさをにじませた担当者の表情に大企業ゆえのやりにくさが感じられ、大規模組織の悪い面がすべて集約したような出来事でした。

このように前例のないものにチャレンジできない大規模組織ならではの社風が、日本企業の衰退を招くのだろうと、その当時から予感していました。そしてその予感は残念ながら当たってしまったようです。

日本の経済が停滞している要因は、企業は拡大させ続けるべき、大企業の一員であれば生涯安泰、という時代にそぐわない価値観を日本全体が抱き続けてきたことにあります。

果たして本当に、拡大を続けることだけが企業の宿命なのか――やりたいことをやり抜く人生を全うしたいのであれば、拡大しない経営のなかでちょうどいい規模感で経営を続けるのも起業することの一つのあり方ではないかと思います。

第1章

組織を大きくしないからこそ長くやりたいことを貫ける「拡大しない経営」のメリット

中小企業の社長像

拡大しない経営も会社経営の一つの正解であることを、私は本書を通して強く訴えます。拡大することを否定しているのではなく、自分にとって最も理想的な経営スタイルがどういったものかを追求したとき、小規模の組織で社長業を勤め上げるのも選択肢になり得ることを伝えたいのです。やりたいことがあり、そのやりたいことに稼ぐ力があり、やり通していく気力をもっているのであれば、拡大しない経営も一つのあり方として起業にチャレンジする人が増えてほしいと願っています。

拡大しないということは、数人程度のベンチャー企業、あるいは数十人からせいぜい100人程度の中小企業の規模感で経営することになります。この規模の中小企業の社長というとまずイメージするのは、現場主義で職人気質をもった人物です。この点、経営のプロのような性質をもつ傾向にある大企業の社長とは大きな違いが生まれます。大企業よりも規模が小さい分、現場と物理的にも精神的にも近く、現場主義を重んじている人物が中小企業の社長に向いているといえます。

面倒見が良く、人情深い、という側面もつきものです。一方で、経営マネジメントに対しては不器用だったり、あるいはワンマン社長や独裁者タイプになりがちだったりという印象もあります。

私のなかでの中小企業社長のイメージといえば、本田技研工業の創業者、本田宗一郎氏が最も理想に近いです。氏はまさに現場上がりの技術者で、人間味に溢れ、とにかく車のことだけに没頭しているタイプでした。

そんな本田技研工業がなぜ世界に誇る大企業になれたかといえば、藤沢武夫氏という優秀な参謀がいたからにほかなりません。藤沢氏が参入した頃、本田技研工業は従業員が30人ほどの中小企業でした。東京進出とともに本田氏は藤沢氏に財務や販売部門など経営に関わる業務をすべて託します。この判断が功を奏して、本田技研工業は世界的メーカーにまで成長することができました。本田氏自身は常に技術部門に専念し、自分のやりたいことをとことんやり抜いたのです。もし二人の出会いがなければ、本田技研工業は中小企業のままだったか、もしくは資金繰りに行き詰まり早期に閉じることになっていたと想像できます。

中小企業から大企業へと拡大していくには、資金調達や資産運用に強い経営のプロが必要となります。中小企業の社長のように振る舞いながら、好きなことに集中し、経営面は参謀に任せ、会社を拡大することができた本田氏は幸運だったといえます。

誰もが高度な経営スキルを身につけられるかといえばそうではありませんし、必ずしも本田技研工業のように希代の技術者と経営のプロが出会いを果たせるような幸運に恵まれるとも限りません。一般的には、人情味ある技術者タイプの社長が独力で事業拡大を続けるのはハイリスクです。どこかのタイミングでやりたいことと経営を続けていくことの両立が困難になり、思い描いていた理想の経営ができなくなってしまう場面が出てきます。組織内での衝突や反発も増えていき、経営が立ちいかなくなることも考えられます。

そのような悲劇的な結末を迎えないために、自分のやりたいことがやり通せるちょうどいい規模感で経営を続けていくのも、一つの会社経営、そして人生の歩み方といえます。

私も本田氏のように参謀となる頼もしいマーケターに出会えていれば、経営する会社ももっと大きな組織に成長していたかもしれないと思うこともあります。しかしもともと会社を大きくすることが目的ではなく、自分が開発した商品で世の中と勝負したいという夢を叶えるための起業でしたので、自分のやりたいことを貫き通したいがため、招聘したマーケターと意見の衝突が起きていたと思います。企業の規模が大きくなるにつれて窮屈さを感じていたに違いありません。「やりたいことをやり抜く」を軸としていくなら、拡大しない経営のほうが自分に向いています。そしてその方針を貫き通して、競合ひしめく市場のなかでも30人規模のサイズで40年以上続けることができているのです。

社長像の正解とは

大企業であれ中小企業であれ、トップが経営を担うことに変わりありません。やりたいことで起業をしたいという気持ちはあっても、経営者になって事業計画を立てたり部下に指示を出したりしている自分が想像できず、なかなか起業に踏み出せない人も少なくありません。しかし、会社を長く経営してきた私からすると、そこに不安を感じる必要はないといえます。

私自身、技術者をやるついでに社長をやっているような経営スタイルです。社長らしいことはあまりしておらず、人事や財務も多少はやりますが、1日のほとんどを使って商品開発に打ち込んでいます。それでも30人規模の会社であれば、まったく問題なく経営は回っていきます。会社がこれ以上大きくなると社長業に没頭することになり、開発の現場に立つことが難しくなります。自分のやりたいことをやり抜くには、このサイズ感がちょうどいいのです。

やりたいことで顧客を満足させることができ、従業員の生活を守りながら、持続的な経営が達成されるのであれば、拡大せずとも立派に社長業がこなせているといえるわけです。

それでもまだ、起業してチャレンジしたいことがあるにもかかわらず、自分は社長の器ではない、自分は社長にふさわしくない、と躊躇している人もいるはずです。私も会社設立当初は社長とは程遠い人物でした。コンピューターいじりばかりしている完全な技術者タイプです。経営のイロハを何も学んでいませんでしたし、世情や経済の動向にも興味がありませんでした。対外交渉や営業活動なんてもってのほかです。とにかく思いのままに商品開発に勤しむことしか頭にありませんでした。独立の決意を周囲に明かしたときは、本当に社長が務まるのか、大丈夫なのかとひとしきり心配されたものです。

しかしそんな私でもここまで社長を続けることができ、こうして本を出版する機会にまで恵まれました。私は元来、世の中で求められているような社長の資質は微塵ももっていませんでした。つまり、社長という役が勝手に人をつくってくれるのです。時間とともに社長としての経験を積むごとに、勝手に社長らしくなっていきます。ですから社長になる前から、自分は社長らしくないと思い込んで起業を諦める必要なんてありません。やりたいことで生きていきたいという気概に満ちているのであれば、社長としての条件は満たしているのです。

・設立時にマネジメント能力は不要

やりたいことといっても、儲かるらしいから、流行の先端だからという理由からの起業では、事業自体への興味や熱意がないため長続きしません。やりたいことそのものに熱を注いで、どんな苦境も乗り越える決意を持ち合わせていることが、経営を継続させることの絶対条件です。

設立当初の私は口下手でしたが、コンピューターやプログラムの話題に関してはいくらでも話すことができました。相手が許すのであれば、明け方まで話せるくらいの熱量をもっていましたし、その気概は今も変わりません。自分の事業に関してならいくらでも語れる、そういう人でなければ起業してもうまくはいきません。

マネジメント能力だけを武器にして起業しても続けていくのは難しく、やがて行き詰まります。企画はあるけれど、自分には実行するスキルがないので人を集め、自身は経営や組織運営に専念する、といった形の企画先行の起業は、厳しい航海となることが予想されます。設立時から人を入れての経営なので、自分以外の食い扶持も稼がなければならず、出だしから経費が重たくなるのです。設立直後はうまくいっても、意見の食い違いが起きて仲間たちが離れていってしまったら、継続させることができなくなってしまいます。

マネジメント能力は、起業時の社長の初期能力としては不要です。組織を拡大するのであれば、マネジメント能力に長けた人材を採用することが必要ですが、拡大しない経営であれば社長業で自然と身についたマネジメント能力だけで十分に経営を続けることができます。

小さな組織の会社の魅力と価値

小さい規模で経営を続けることの最大の魅力は、やりたいことをやり通せることに尽きます。大きくなればなるほど組織のマネジメントに追われ、やりたいことがやれなくなるので、あえて大きくしないという方針を貫くのも一つの経営の正解なのです。

小さな組織の会社は意思決定が組織のすみずみにまで速やかに行き届き、状況に応じて柔軟に舵を切ることができます。迅速かつ正確に意思の伝達ができるため、齟齬もなく全社員が正しい方向を向きながら事業を走らせることができ、小さな組織の会社でも大きな価値を生み出していけるのです。

私の会社のように30人規模であれば、全体の会議も社長の一声ですぐ開くことが可能ですし、社長自らが取引先へ赴いてプレゼンをすることもできます。私が小さな組織の会社を貫いている一番の理由は、開発者として現場に関わり続けていたいことにあります。常に現場に身をおいて開発に直接携われることに会社を経営していくことの楽しさや醍醐味が凝縮されているといえるのです。

30人規模を分かりやすく例えるなら、バス一台分に乗車できる人数です。車内を見渡せば、乗車している人たちの表情までよく見えますし、話しかければその場でコミュニケーションも取れるくらいの距離感です。これは社内でも同じことで、誰が今、何をしているのかもある程度把握できますし、何か困っているようであればすぐに声を掛けることもできます。私にとっては一人ひとりに目が届く、ベストな人数なのです。

働く側にとっても小さな組織の会社はそれなりの魅力があります。少数精鋭で事業を行うわけですから、一人ひとりが会社に与える影響力は決して小さくありません。モチベーションを高くもって取り組めば取り組むほど、会社の未来にも影響を与えることができます。自然と社員一人ひとりの会社に傾ける熱意も高く保たれますし、それが社員の人生の充実度にも直結します。小さい会社なら職種ごとの垣根を飛び越えることも容易で、デザイナーとして入社したにもかかわらず、時に営業や人事の業務に駆り出される場面も日常的にあるわけです。部署を横断し柔軟に業務をこなしていくことで、仕事を俯瞰することができ、幅広くスキルや知識を身につけられるのです。

また大きい会社に比べて圧倒的に社内的な業務が少ないのも魅力です。大きな会社は仕組みが体系化され一律に運用されているため、部署ごとの情報共有や上下間の指示や報告など、社内的な業務が増えがちです。その点、小さな組織の会社は部署間の垣根が低く見通しの良い職場なので、タイムリーに情報の共有が行え、煩雑な社内業務は少なくて済みます。社員は社外に向けた業務に専念でき、顧客のニーズを満たした製品づくりや交流に力を注げます。

要するに社員にとってもある程度の権限と自由があり、やりたいようにやれる部分が多いのが小さな会社なのです。

・すべての責任を背負える充実感

小さな会社の社長は、自分の好きなように自由に経営ができます。それはつまり、すべての責任は社長自身が背負うことを物語っています。縦割りで組織が細分化された大きな会社であれば、極端な話、ミスの責任を誰かに背負わして何食わぬ顔で社長職に居座り続けることも可能かもしれません。しかし小さい会社ではそうはいきません。すべての経営的な判断は社長が全責任をもつべきであり、認知していなかったとか、部下が勝手に判断してやったとか、そんな言い逃れは許されないのです。

これをデメリットと取る人もいるかもしれませんが、私はこれも小さな組織だからこそのメリットと感じています。

会社経営に関わるすべてのことが自分の責任であるということは、言い訳がいっさいできないということです。トラブルに直面したとき、言い訳や愚痴ばかり言って無駄な時間を浪費することはなくなります。目の前に立ちはだかる課題にどうやって対処していくべきか、問答無用でその一点だけに集中することができるのです。そして迅速な対応が会社の評価につながります。すべての責任を背負うことで、自分の判断や一挙手一投足が会社の今後を左右するのです。

自ら現場の先頭に立って、それを会社の評価に直結させることは小さな組織ならではの恩恵であり、すべての責任を背負える幸せを噛み締められる瞬間なのです。

自分の理念を貫ける

大きな会社は自社をアピールするとき、年間売上が何千億円だとか、全従業員が何万人いるとか、店舗が全国に何百店あるとか、数字で圧倒できます。数字ほど分かりやすいものはなく、それが顧客の信頼につながり、安定した雇用にもつながります。

拡大しない経営においては、数字では大企業には対抗できません。ではどこで差をつけるのかといえば、会社の芯にある部分、つまり理念で勝負することになります。創業時に抱いたビジョン、それをとことんやり抜くための原則となる理念を打ち立てることが重要です。

私の会社では、次のような理念を立てています。

私たちは、物真似をしない独自の商品を創造しなければなりません。
その商品は、使う人にとって優しくなければなりません。
その商品は、継続して進化できるものでなければなりません。
その商品は、適正な利益をもたらす源泉でなければなりません。

この理念に基づいて、小さな組織ならではのスピード感で新しい商品を開発し続けることを心掛けています。

理念が社内に浸透していれば、全社員が理念に基づいて行動してくれます。仕事のなかで迷いが生じたとき、商品に込められている思いを見失ってしまったとき、理念を思い返せば、自ずと取るべき行動や選択が見えてくるものです。

理念に基づいた行動が徹底されていれば、自然と社外にもその理念は浸透していきます。私の会社の場合、あそこは面白い商品を持ってくる会社だと認識されています。すると、社員が顧客のところへ訪問すると、今日はどんなユニークな商品を見せてくれるのだろうという期待感をもって接してくれるのです。

つまり、理念を貫いて会社経営をしていれば、社内外を問わず、会社や商品のファンが増えていくということです。本来であれば小さい会社ではなかなか営業ができないような大手企業であっても、むしろ向こうから呼んでくれるという信頼関係を築けていけるわけです。したがって起業をするうえでは、これだけは絶対に譲れないという理念を必ずもつべきです。理念自体は大企業でももちろんもっていますし、会社案内やホームページを見れば大々的に書かれています。しかし規模が大きいゆえに思いが浸透しにくく、理念に反する行動を取っている社員がいても気づきにくいのが大企業の弱点です。この点、少数精鋭で戦う小さい会社には有利であるといえます。理念からずれた行動をしている社員がいたらすぐに気づくことができ、さらに、改めて理念の浸透を促すことで社内の結束力を高めることもできます。

また、理念に共感した人が自然と集まってくれ、採用でミスマッチが起こりにくいのも小さい会社の利点です。理念は社長のやりたいことを叶えるための原則に基づいてつくられていますから、理念を理解した人が集まってくれるほど、より社長の夢は叶えやすくなっていきます。

好きなことに好きなだけ時間を注げる

経営者は会社員ではないので、労働時間の拘束から解放されます。

会社員時代、システムやソフトウェアの開発は私にとって単なる仕事ではなく情熱の対象でした。業務時間など関係なくずっとコンピューターに触っていたいほどでしたが、労働基準法を無視することはできませんし、コンピューターが今よりずっと高価でサイズも大きかった時代の話ですから、もち帰り残業もできず、我慢するしかありませんでした。

社長になればそのような働きたいのに働けないというジレンマを抱えることなく、いつでも好きなときに仕事ができます。家族の理解が得られるのであれば、という限定付きではありますが、ゴールデンウィークや年末年始も仕事に打ち込むことが社長には可能なのです。

また、拡大しない経営は社内の見通しが良く、問題が起きそうなところにはすぐに気づくことができますし、逆に社員側で気づいたことがあれば社長のところに速やかに報告は上がってきます。放っておいたら大きな問題になってしまう事案にいち早く対処することができるのは、小さい会社ならではの利点です。大きな問題を抱えて対処に手間取ることがない分、社長はやりたいこと、会社の成長につながることだけにとことん時間を使うことができるわけです。

社長になったら仕事のことばかりで自由な時間がなくなると思う人もいるかもしれませんが、そもそも自分のやりたい仕事に熱中するために起業するのです。逆にいえば、そのくらい好きなものでないと継続的な経営を成し遂げることは困難なのです。

孔子の言葉に「汝の愛するものを仕事に選べ、そうすれば生涯一日たりとも働かなくて済むであろう」というのがあります。まさにそのとおりで、好きなことを仕事にできれば労働を苦痛に感じることがありません。拡大しない経営であればなおさら煩雑なことに時間を奪われないので孔子の言葉が現実化します。

ですから、時間を忘れるくらいに好きなことがあり、それを稼ぎにして生きていこうという強い志があるのであれば、ぜひ起業という選択を選んでほしいと思います。

人間関係の余計な摩擦が少ない

大きな組織になるほど対立が起こりやすくなります。反対に人が少なければ摩擦は減り、人間関係の余計なしがらみで会社経営が悪化するような事態は避けられます。

私の会社は30人の規模感で経営するのがちょうどいいわけですが、社長の能力や事業内容、経営方針などによって適切な従業員数は決まります。適切な人数を超えてしまうと意見の衝突が起きやすく、時には派閥争いなどで互いの足を引っ張り合うこともあります。社長は彼らの思いを汲んで摩擦を減らすことに力を注ぎ、本来やりたかったことに集中できなくなります。

人間関係の余計な摩擦が発生しない、ちょうどいいサイズに落ちつくのが拡大しない経営のいいところです。

もちろん意見の衝突は起こります。しかしこれは余計なものではなく会社を前進させるための起きてしかるべきポジティブな摩擦です。理念を分かち合っている人間たちが意見を出し合うので、方向はいつも同じであり、見えている景色も同じです。ただどういう道をたどってゴールを目指すかは、意見が分かれることもしばしばあります。その際に交わされる議論というのは非常に有意義であり、会社の糧として受け継がれていくので無駄なものではありません。

また、会社の理念や価値観から逸脱した意見が出てくることは、拡大しない経営であればまず起こり得ません。私の会社であれば、前例のないものだから商品化しても売れる見込みがないという意見は絶対に出てきません。前例のないユニークなものをつくるのが私の会社の理念であり、売上に関係なく顧客のためになるものであればまずは開発するべきであるという考えがあるからです。

拡大しない経営の恩恵を存分に受けたいなら、人材を一気に増やすようなことは決してしてはいけません。事業にとって適切な人数は何人なのか、見極めるために微調整し最適化することを推奨します。

次への挑戦に資産を投じやすい

拡大することに重きをおかない経営だと、営業力の増強や販促活動に大きな資金を割く必要がなくなります。既存のファンとして支えてくれる顧客が売上の多くを継続的にもたらしてくれるため、販路拡大と新規顧客獲得が経営の大きな課題となることはありません。まったく必要がないということはありませんが、事業規模を拡大すればそれに見合うだけの新規の開拓が必要になるためさらに営業に力を入れねばならず、負担が増大します。拡大しない経営であれば、あくまでも必要に応じた取り組みにしっかりと資産を投じることができるのです。

事業が軌道に乗り始めると犯してしまいがちな過ちが、より儲けを出そうとマーケティング戦略だけに注力してしまうことです。メディアに紹介されたり業界のブームに後押しされたりして一度人気に火がつくと、その勢いに乗じて拡大する経営へと舵を切りがちです。このプラン自体は問題ないのですが、競合の出現やブームの沈静化で急速な顧客離れが起きることも予想しながら進めなければなりません。商品力やサービス力といった質の維持向上や、新しい商品開発にも力を入れなければならないのに、それを疎かにしてしまうと経営に黄色信号が灯ります。結局は価格だけで勝負することになってしまい、資金力の差で大手に負けてしまうことになるのです。

さらに、経営を行ううえで忘れてはいけないのは、何も施策を講じなければ時間とともに需要は減っていくという普遍の事実です。一つの商品やサービスに固執するのは危険です。過去の産物だけにすがった経営を推し進めると、中長期的には資金繰りに窮することになってしまいます。

ソフトウェアの世界においては、商品は5年もてばいいほうで、2、3年ペースで新しいものを生み出せなければ駆逐されていくのが当たり前となっています。そのため私の会社では、一つの商品に固執することなく、売上の3から4割を新商品開発に注げるような予算配分を心掛けています。この経営方針が40年以上にわたる長い経営の実現に一役買っています。この事実は、逆をいえば、開発にかけられる資金の余裕がないと、拡大しない経営であっても長続きさせられないということです。

「一発一中」が狙える

大きな会社になるほどいくつかの部署が設けられ、多角化経営をし、絶対に潰れることのない盤石な体制を築こうとします。部署ごとでまったく違う商材を扱うのも当たり前のこととなりますし、仕事の内容もより細分化されていきます。

売上に大きく貢献する部署もあれば、赤字を出し続けてしまう部署も出てきます。10個の商品のうち3個の商品が利益を出せていれば安泰というような、分散投資で経営が続けられている大きな企業も実在しています。脚光を浴び続けるチームがある一方で、ずっと日陰にいるようなチームが出てくるわけです。必然、社員のモチベーションもチームごとで大きな差が生じていきます。

拡大しないで経営を続ける場合、分散投資できるほどの人材を抱えているわけではないので、10個のうちの3個で利益を出すような経営戦略は立てられません。しかしその分、新しい商品やサービスを生み出すたび、社員一丸となって開発プロジェクトや販売プロジェクトに取り組むことができます。全体が見渡せる小さな組織だからこそ、誰も手を抜く人はいません。それぞれのもっている能力を活かしてプロジェクトの成功に全力投球することができます。

そこに営業部や技術部、経理部といった部署の隔たりはありません。垣根を越えて意見を出し合い、いかにして最大限の結果を出すかにフォーカスできます。それによってもたらされた結果は、社員一同で出せた成果なので、誰一人としてモチベーションを落とすことはありません。高揚感や達成感のなかで仕事を続けていくことができるのです。

営業手法においても、拡大しない経営ならではのやり方があります。100件訪ねてようやく一件契約が取れるような効率の悪い営業は小さい会社では適切な手法ではありません。ファンとして応援してくれている顧客が喜んでくれるようなものをつくり、彼らに向けて継続的にプレゼンをすることで、安定した経営を実現できます。大手が資金力や人海戦術で勝負する一方で、こちらは唯一無二の商品力やサービス力によって勝負するわけです。

もちろん、いつも必ずうまくいくとは限りません。一発一中を全員で狙いながらも、不発の結果に終わることもあります。しかし一つのことに全社員が集中することで必然的に成功率は上がり、全員のモチベーションを高い水準で維持できます。仮に商業的に失敗したとしても、それが必ず会社と社員にとっての資産となり、次への糧として継承されます。これも拡大しない経営ならではの醍醐味です。

ニッチな市場でも生き残れる

小さな会社なら、大手企業が切り込まない分野にも躊躇なく参入することができます。私の会社はコールセンターを設置している企業向けに、顧客管理の業務を効率化するソフトウェアを提供することを主な事業としています。低コストで導入できるソフトウェア商品を続々と開発しているので、大規模コールセンターだけでなく中小規模のコールセンターをもつ企業にも喜ばれ、長く愛用されています。

中小規模コールセンターをターゲットとしたソフトウェアは、もともとは非常に少なく、ニッチな市場でした。今でこそたくさんの企業が参入することとなり、競合の多い市場となりましたが、初期から参入していたからこその技術力と信頼で、競合に負けず劣らずの経営が続けられています。

コールセンター向けの開発事業に着手する以前も、小さなマーケット向けのソフトウェア開発を多く手掛けてきました。自らその領域へ行ったというよりは、そのニッチな市場から声を掛けられて参入したと表現するほうがしっくりきます。

例えばユニークなソフトウェア商品を開発していたところ、たまたま音声分野に強い会社から声を掛けられ、要望に応える形で音声関連の商品を開発し、その分野へと本格的に参入しました。当時の音声分野は競合のいない市場で、自由な発想のもと、さまざまなユニークな商品の開発に勤しむことができました。

ニッチな層に向けた経営を続けていると、顧客のほうから、こういう商品はつくれないか、もっとこういうものが欲しいという要望を受けることもあります。これが次の商品開発のヒントにもなり、顧客という資産の継承が、拡大しない経営を安定化させてくれるのです。

コツコツと技術や経験を積み重ねていけるからこそ、ニッチな市場で生き残ることができます。顧客を満足させるだけの商品開発ができ、ファンや支持者を増やし、長く愛用されて安定した経営を続けることができます。しかもニッチゆえに、さらに新しい仕事が向こうから飛び込んでくるのですから、ニッチな市場と拡大しない経営の相性は非常に良いといえます。

小さな船を漕いでいるからこそ、狭くて浅い川も渡ることができるのです。本当にその市場で収益を出せるのか、という視点にこだわらなくていいのが拡大しない経営の強みです。そこにニーズがあり、求めている顧客がいる限り、躊躇なく飛び込んでいけます。

「拡大しない」と「成長しない」は違う

私の持論を読んでなお、拡大しないということは成長しないということではないかととらえる方がいるかもしれませんが、それは間違った認識です。むしろ拡大しないからこそ、社長自身や商品力、人材の成長を最大効率で促せるというものです。

時代は絶えず変容を続けていきます。その時代の潮流に取り残されないようにするためには、会社そのものが成長をしないといけません。経営を拡大するしないにかかわらず、成長は会社存続にあたって必要不可欠な要素です。

ところが世の中を見渡してみると、成長を止めてしまった企業が多いことに気づきます。しかも意外と、拡大している企業でも成長していないところはあります。対外的には膨張を続けていても、社内的な成長を促せていないのです。そして時代の転換期にうまく便乗することができず、拡大を止め規模を縮小し、世の中から取り残されていったかつての大企業も多く存在します。

「好きこそものの上手なれ」という言葉がありますが、まさにそのとおりで、好きなことやりたいことをやっているからこそ、目覚ましい成長を遂げることができます。少なくとも私はそうでした。大きな企業は業務が細分化され、システム化され、楽しいとか苦しいとは別の価値基準で仕事が組み立てられます。それゆえに、大きな企業ほど楽しく仕事をしている人が少なく、好きこそものの上手なれの逆理論で、成長力が低いわけです。

その点、小さい企業であれば業務をがんじがらめで固定化する必要はなく、それぞれの裁量にある程度委ねることが可能です。また、社長は社員一人ひとりと向き合って、どういった仕事をしたいか、この会社で何を成し遂げたいかを議論し、より理想的となる働き方を一緒に考えていくことができます。このような経営によって、社員は自分の仕事が好きで仕方がなくなる環境をつくることができます。そしてこのような社長の采配によって、大きな組織では実現できないほどの成長を会社全体に促すことができるのです。

また、やりたいことをやる経営をしていれば、必ず一つ夢を追いかけているうちに、ふとしたタイミングでまた新しいやりたいことが増えていきます。それが自分自身としての、そして会社としての成長の伸び代となります。

湧いてきた発想や夢を次々と実行に移していくことが、成長へとつながります。会社経営はその繰り返しに過ぎません。立ち止まって、今ある商品やサービスだけで勝負しようとすると、必ず衰退していくことになります。

私の会社の従業員数は30人という小さな規模ですが、設立からの成長の度合いでいえば、ほかの大きな企業にも引けを取らないと自負しています。拡大しない経営は、数字には表れていない見えない資産をたくさんもっているのです。好きなこと、やりたいことだけに熱中してきた会社だからこそもっている、数値化されない成長の集大成といえます。

社員の理念浸透度ややる気とか、ファンや支持者の数、成功失敗も含めた挑戦に基づいたナレッジなど、これら数値化されない資産に拡大しない経営ならではの強みがあるといえます。

第2章

競争優位に立てる大手不在のニッチな市場を切り拓く

大手との差別化を狙った独自のマルチタスクモニター

大手と差別化できる小さな組織ならではの武器

成長性や市場規模とは関係なく、ニーズがあれば躊躇なく新しいことに挑戦できるのが拡大しない経営の強みです。大手が参入しにくいニッチな市場を切り拓くことができれば、その市場におけるパイオニアとなり、競争優位な経営を達成することができます。

重要となるのは、理念やコンセプトをしっかりともって浸透させることです。競合と差別化できる一貫した理念やコンセプトがあるからこそ、ニッチな市場でもファンを獲得し続けることができます。拡大しない経営であればなおさら、理念やコンセプトを守っていくことが大切になります。

はやりそうだからやろうとか、儲かっているらしいからあれもやってみようとか、明確な理念のない状態で起業をすると、起業した直後は盛況でも段々と経営は苦しくなっていきます。商品やサービスに一貫性がないため、長く付き合ってくれるファンを見つけることもできません。老舗と呼ばれる創業から長い年月を経ている名店は、大きな柱を一本もち続けていたからこそ、今もなお支持を受けているのです。

私の会社はこれまで顧客の要望に応えられる独自のシステムを開発して支持を集め、ファンとなる固定の顧客を多くつかんできました。さらに明確な理念とコンセプトに基づいた独自技術と開発商品が電気通信会社に認められ、競合する大手を押しのけて成功を収めてきたのです。ここに至るまでの事業戦略や決断の場面を振り返ると、成功へのカギとなったと思えるポイントがいくつもあったように思います。

コンピューターとの出会い

起業のきっかけとなった私の好きなことは、機械いじり、なかでもコンピューターいじりでした。そもそも私は、ただ自分の好きなコンピューターをいじることをやり抜くために起業したに過ぎないのです。

卒業後の進路について悩んでいた大学3回生の終わりの時期です。イタリアのタイプライターの老舗会社オリベッティから、今でいうところのダイレクトメールが届きました。ロボットはいらない、人間が欲しい、とメールに書かれたフレーズが目に飛び込み、心が躍りました。詳しく読むと日本支部で新たにシステム部を開設し、コンピューター事業に本格参入するため、スタートアップの人材を求めていると書いてありました。特になりたい仕事があるわけでもないから、面白そうなことをやっている会社にエントリーしてみよう。気軽な思いからオリベッティの入社試験に応募したところ、運良く採用となりました。

とんとん拍子で入社した私はプログラミングを学ぶための研修を2カ月ほど受けました。当時日本でプログラミングの概念を知っている人間はほんの一握りで、システムエンジニアという職業すらありませんでした。オリベッティは、日本での販路拡大のため、コンピューターに詳しい人材の育成にたいへん力を入れていました。

コンピューターはあっても、パーソナルコンピューター、いわゆるパソコンは存在していなかった時代です。私自身、学生時代は機械工学を学んでいたので機械いじりをしてはいましたが、コンピューターの実物は目にしたこともありませんでした。オリベッティで新設された開発課（課長と課員である私だけの小さな課）に配属され、いったいどんな仕事をすることになるのか、まったく想像ができませんでした。

プログラムいじりに熱中する日々

開発課に配属され、専用のミニコンピューターと出会った衝撃は忘れられません。私の人生を決定づける重大なターニングポイントです。

1970年当時、企業に装備されつつあったコンピューターは、大きく分けて汎用コンピューターとミニコンピューターの二つでした。汎用コンピューターは計算処理能力が高く、さまざまな用途に利用することができる、名前のとおり高い汎用性が特徴でした。しかし非常に大きいうえに高価で、日本で導入していたのはごく一部の大企業や研究所だけでした。15分動かすだけで、サラリーマンの初任給分が飛ぶようなコストだったのです。この汎用コンピューターを小型化したものが、今私たちが使っているパーソナルコンピューター、略してパソコンです。

一方のミニコンピューターは、汎用コンピューターより性能は劣るものの、比較的安価なため当時は人気でした。ミニとはいえ小型冷蔵庫くらいの大きさでさまざまな業種の企業が導入を始めていました。そのミニコンピューターの一台を私は自由に使うことが許され、業務を開発するプログラミングを命じられたのです。

おもちゃを与えられた子どものように、私はプログラミングに夢中になりました。おもちゃで遊べて給料がもらえて、こんな幸せな仕事はないと思いました。

プログラムそのものが楽しかったのはもちろん、配属されたのがスタートアップされたばかりの部署で上下関係のしがらみがなかったのも大きかったです。ただその分、技術を伝授してくれる指導役や先輩もおらず、すべての課題を自分で克服しなければいけない、困難や過酷さがありました。しかし、私はその苦労もまた楽しめていたのですから、私にとってプログラムをいじることはまさに天職に思えました。自分の裁量で、やりたいことをけっこうやっていけるという手応えもあり、比較的自由に動ける当時の労働環境が快適でした。

私の仕事を阻むものは何もなかったので、モチベーションを落とすことなく、もっといいものをつくってやると気概をもち、課題に立ち向かい続けることができました。自分の好きなように、好きなだけコンピューターに打ち込むことができました。もともと自由にやりたいことをやる主義でしたので、このような自由で柔軟性もある職場環境が自分に合っていたと思います。当時の日本企業でよく見られたような、何かにつけて命令してくる上司がいる窮屈な職場環境だったら、プログラミングは楽しくても仕事を楽しむことはできなかったはずです。

このような恵まれた環境も手伝って、私はがむしゃらにプログラミングのスキルを身につけることができました。自由で柔軟な、思う存分やれる職場環境を大事にすることも、会社を運営していくなかで大切なことだと思います。

顧客の課題を解決するアプリケーション

主な仕事は、顧客の要望するアプリケーションを組むことでした。今ならスマートフォンで簡単にダウンロードできるのがアプリケーションの基本概念ですが、当時はインターネットが存在しない時代でした。そもそも持ち運びできるコンピューター端末もありませんでした。仕事では、自社内のミニコンピューターでまず試作プログラムの試運転をして、正常に動けばその経緯の記録をノートに書き出します。そして顧客先を訪問し、ミニコンピューターにノートの内容を書き写して組み込んでいました。デジタルの最先端事業なのに、インストール手順は非常にアナログだったのです。

アプリケーションを組み込んだミニコンピューターにオリベッティ社製の端末と汎用コンピューターをそれぞれつなぐことで、端末に打ち込んだ情報がミニコンピューター内で適切な処理を施され、正確かつ速やかに汎用コンピューターへ送られます。

多くの企業にひたすらデータを打ち込むだけのタイプライターのような端末はありましたが、データを汎用コンピューターへ自動的に送って計算処理させるための手段がなかったのです。その役目をミニコンピューターが担っていました。当時の市場はまだまだミニコンピューターを採用している企業は少なく、私は開拓のしがいも感じました。

例えば顧客の一つのある呉服店では、取引先の注文を手書きの伝票で処理していたため、買い付けの集計に膨大な時間を要し、後日、請求書を発送するのが一般的でした。集計を毎日大量にこなさなければなりません。ミニコンピューターと複数の端末を接続して、端末から入力されたデータをミニコンピューターに送信し、計算処理を行って請求書を出力するシステムは安価であることもあり好評を博しました。

このように今でいうデジタル化やＤＸに近いことがさまざまな業種でできました。業務が簡略・迅速化するわけで、開発依頼は引く手あまたの状態でした。私も顧客の課題解決につながるアプリケーションをつくることができましたので楽しくて仕方がありませんでした。アプリの開発を一つ終えるたび、ますますコンピューターのとりこになっていくのを実感していました。

バグとの戦い

目が回るような忙しい毎日でしたが仕事にもやりがいを感じ、より楽しくなる一方でした。

当時はバグの対応にひたすら追われました。徹夜で対処し、社内で昼間に少し寝てまた徹夜する繰り返しでした。月の残業時間が300時間を超えるのは当たり前という、今では考えられない労働環境です。

当時はデバッグツールのような、バグをすんなりと発見してくれる優れたツールなどありません。いちいちコンピューターを作動させたら膨大なコストがかかるため、ノートを武器にしてバグとの戦いに明け暮れる日々です。自分の目でプログラムのコードとにらめっこしながら、頭でコンピューター内での動きを想起して、ここがおかしいんじゃないか、いやもしかしたらここかもしれないと、バグを取り除いていく原始的な試行錯誤を繰り返していました。

疲弊しながらもなんとかバグに対処しつつ、一方で根本的な課題も痛感していました。私はプログラミングに関しては技術力を上げていたのですが、使用しているコンピューターそのものに関しての知識が足りていなかったのです。

バグにはプログラムのバグとシステム設計のバグがあるというのが私の持論です。プログラムのバグであれば時間と労力をかければ解決しますが、システム設計のバグを解決するには、コンピューターシステムをより理解する必要があります。不思議なもので多少システム設計が貧弱であってもシステムが稼働すれば納品できます。しかし、ここでのテーマは、よりスマートで無駄のない設計をしたいということです。コンピューターの中身のことをもっとよく知っていれば、よりうまく対処できた案件もあるのでは、と感じることがありました。しかしコンピューターの中身を知る手段はなく、顧客からの依頼が次から次へと押し寄せるなかでコンピューターの中身を勉強する余裕もほとんどありませんでした。

もっとコンピューターのことを知ってスマートに納品できるようになりたいのに、忙し過ぎる仕事の環境ではとてもできない――そんなジレンマのなかで、大好きなプログラムと向き合い、顧客の課題解決に取り組む日々でした。

この時期に抱えていたジレンマや課題が、のちの会社設立の起爆剤となり、モチベーション維持の礎となったように思います。単にニーズが高まっているからとか、これからの流行になるからという理由での起業だと、モチベーションが保てず設立直後の苦難を乗り越えることはできなかっただろうと思うのです。

海外赴任で広がる視野

1970年代半ば、25歳の私は、アプリケーション開発部から新製品をリリースするマーケティング部に転属となりました。海外で販売されているコンピューターの新製品を現地でリサーチし、技術トレーニングを受けて帰国したあと、日本支部のプログラマーに技術を伝授するのが私の任務となりました。当時ではなかなかできない海外赴任を入社3年目で経験できたのは、外資系企業ならではのメリットだと思います。

当時の日本は高度経済成長の真っただ中でした。海外からものや技術を取り入れ、また国内でもすばらしい商品が開発され、次々と世界進出を果たしていました。日本が自国の成長に惜しみなく資金を投じていた時代で、海外から見れば優良顧客の証でもありました。海外赴任先での私の扱いはどこも歓迎ムードで、新しいコンピューター製品を紹介されるたび、これは日本ではいくらで売れると思うかと尋ねられたものです。

当時、海外で売れ始めていたのがカセットを差し込めるデータ入力用のハードウェアでした。ディスプレイを見ながらデータを入力し、カセットにデータが保存される仕組みです。顧客または支店からデータが保存されたカセットを集めて汎用コンピューターに差し込むことで、全国集計が可能になりました。データを簡単に移動させることができ、計算処理ができるのが特徴です。ラジカセに録音機能が実装されたのも1970年代のことで、ソフトとハードの役割が鮮明になった象徴的な時代と記憶しています。

これまではコードをつなぎ、ミニコンピューターなどを介したデータ転送が定番でした。データの持ち運びを可能にしたイノベーションに、私は強烈な衝撃を受けました。

いったいどういう仕組みで動いているのか、カセットではどのようにしてデータが確保されているのかを理解するため、基礎的な部分を習得しようと当時技術の最先端を歩んでいたオーストラリアに2カ月ほど滞在しました。

オーストラリアでの赴任生活も、私の人生観を大きく変えました。当時の日本はとにかく働いて国力を増強すること、全員ががむしゃらに働くことを大前提としている時代でした。働くことこそが人生であり、個人の幸せや豊かさといった価値観の尊重は後回しにされていました。オーストラリアは正反対で、それぞれの人生が豊かであることを最重要視した価値観をもっていたのです。仕事は残業がほとんどなく、自分の時間や家族との時間を何よりも大切にしていました。仕事は定時に終わり、土日もしっかり休んで人生を楽しもう。そんなムードに溢れ、オーストラリアの価値観に私も大いに惹かれ、私のその後の生き方にも影響を与えたように思います。

人生観のアップデート

その後、オリベッティの本社があるイタリアへの赴任中にも運命的な出会いがありました。当時ミニコンピューターの最先端、アメリカのDEC社が開発したPDP-11の最新モデルの現物を目にしたのです。PDP-11は立派なOS（オペレーションシステム）を搭載しており、非常に機能が豊富で、これまで私が日本で使っていたミニコンピューターがまるで子どもだましみたいに感じられるくらいの完成度の高さでした。アメリカの技術とはこれほど時代の最先端を走っているものなのかと、まざまざと見せつけられたと感じたのをよく覚えています。さらに幸運なことに、OS部分のソースプログラムも学ぶことができました。そのときに得た知識は私が独立したあとの商品開発の大きな土台となってくれています。

海外赴任の貴重な経験は、コンピューターに関する最先端の技術や知識の向上につながるだけでなく、人生に対する向き合い方を改めて考えさせてくれました。私はもともとは人よりもコンピューターとばかり話しているような、どちらかといえば口数の少ない根暗なタイプの人間でしたが、こうした海外でのさまざまな経験と、赴任先での生活がきっかけとなって、それまでの自分自身の殻を一つ破ることができて、人間的な成長も果たせたのだと感じています。

海外赴任先でのコミュニケーションは当然英語を使うことが要求されました。理系を専攻していた私は英語の体得にとても苦労しました。コンピューターの話題であればプログラム言語自体が英語なのでなんとか頑張れましたが、雑談は不安で仕方がありませんでした。このあとも海外出張や、海外の会社と取引をする機会はたくさん経験してきたものの、結局今も英語には自信がありません。それでもなんとかなってきたのですから不思議です。日本人が思うほど、海外の人たちは相手の英語に完璧を求めないということはあると思います。私が、英語しゃべれなくてごめんね、と現地の人間に詫びを入れると、向こうも、日本語しゃべれなくてごめんね、と謝り返してくれるような、そんなおおらかさが私の不得手な英語も受け入れてくれていました。

コンピューターのプロフェッショナルを目指して

海外で新製品の技術を習得し、日本支部に戻ってはプログラマーに技術指導をする、そんな日々を繰り返していました。コンピューターに1日の大半を費やし、充実した毎日でした。

一方で、世の中も少しずつ変容を遂げていました。働き過ぎの労働者を抑制するための制度が強化されていったのです。社内でも残業をなるべく控えるようにという上層部からの指示があり、これまでのように好きなだけ残業ができるような労働環境ではなくなってしまいました。もちろん社会活動の正常化に残業時間の抑制は不可欠です。しかし私個人でいえばコンピューターと遊べる大事な時間を奪われたも同然でした。まるで、人生の楽しみの大部分が失われたようなもので、会社員としての働きづらさを痛感する毎日だったのです。

とはいえ仕事は増えていく一方です。プログラマーの数を増やしてアプリケーション開発に勤しんでいるのに、納期に間に合わないことも頻発するようになっていました。ブラッシュアップが足りない状態で納品してしまい、致命的なバグを出してしまうこともありました。

もっと仕事に時間を捧げて質を高めたいのに、会社の制度が自由を許さない……。強烈なジレンマのなかで過ごす日々が続きます。

何よりも大きなジレンマとして膨れ上がっていたのが、自分自身の基礎知識といえるナレッジの不足です。海外の有望な新製品の機能を習得して帰国することが私の主な業務で、コンピューターを見極める、目利きとしての力は間違いなく身についていましたが、コンピューターの中身そのものの根幹となる知識が欠けている点は否めませんでした。

振り返れば当時の日本の、あらゆるコンピューター開発会社も同じだったと思うのですが、海外製品の物真似をするのが決まりきった手段となっていました。どこの会社も我先にと海外の最新の技術をもち帰り、日本向けにちょっと手を加えただけで販売する、という物真似合戦が繰り広げられていました。日本独自のオリジナリティーはいっさいなく、いかに早く開発して、どれだけ安く売るかばかりに終始していましたから、自ずと体力勝負の消耗戦になっていたのです。営業力や人材確保に乏しい、資金力の少ないところから倒れていくことは明白でした。

私がしていることも単に海外の真似事に過ぎず、このまま今の仕事を続けていたら、私は技術者としてだめになり、立場も失ってしまうのではないか。焦燥感に似たものが沸々と心中に湧いていました。そして、自分自身でもっと知識や技術を身につけ、経験を積み重ねて、ゼロから自分のアイデアでオリジナル商品をつくっていけるのではないか、できるなら自分の力で勝負をしたいという思いがありました。

そうした思いは日に日に募っていきます。願いを実現するには、コンピューターを熟知している師匠が必要でしたが、社内にも海外赴任先にも、イタリアの本社にも、私よりコンピューターの中身に詳しい人はいません。現状では実現できない願いなのでした。

アメリカ留学のチャンス

30歳を目前に控え、私は意を決しました。コンピューターの正真正銘のプロになるため、アメリカのＤＥＣ本社への転職希望を会社へ伝えたのです。イタリアで触れたＤＥＣ社のミニコンピューターに心を奪われた私は、全貌をどうしても知りたかったのです。転職がコンピューターのプロになるための最短経路だと信じていました。

上司は理解を示し、社長に掛け合ってくれて、オリベッティへ再び戻ることを条件に、アメリカの大学へ留学してみるのはどうかという提案がもちかけられました。アメリカの大学なら最先端のコンピューター技術が学べます。身につけられるナレッジはＤＥＣ

社に劣らないものです。しかも学費は会社もちですから、これ以上の好条件はありません。

私は会社からの提案を快諾しました。しかし、もろもろの調整が順調に運ばず、残念なことに留学計画は立ち消えとなってしまいました。あのときもし無事に計画が進み、留学できていたら、経営者としての私は存在していなかったかもしれません。

受託開発で軌道に乗せる

留学の計画は頓挫したものの、私はどうしてもアメリカでの技術研鑽の夢は捨てきれませんでした。顧客を満足させるオリジナルの製品を提供できる技術者になりたい夢が揺らいだことはありません。

間もなくして、コンピューターと引き合わせてくれたオリベッティを退職し、アメリカへ渡りました。今考えてもなかなか大胆なことをしたと思うのですが、海外赴任経験が背中を押してくれたのか、現地での採用をもくろんだわけです。慣れない英語を駆使しながら必死に就職活動を展開しましたが、海外就労の許可を得て働ける会社を見つけることができず、アメリカでの就職を断念し、1カ月ほどで帰国しました。

私は30歳無職、しかも妻子もちでしたが、焦りや絶望は感じませんでした。自分なりにコンピューターを駆使して仕事をしていくことに勝機を見いだしており、ここまでの経歴に加えてこれからさらにコンピューターの知識を積めば、怖いものなしの技術者になれると信じていたからです。

帰国してしばらくは、とある新聞社の地下にある図書館に通い、コンピューター関連の書籍やニュースを読みあさりました。あるとき、図書館で借りた本を喫茶店でコーヒー片手に読みふけっていたところ、システム会社を起業した元同僚に声を掛けられ、暇だったら仕事を手伝ってくれないかと誘いを受けたのです。

元同僚の会社は、大手の下請けのようなポジションでアプリケーション開発の仕事を請け負っていました。私は今でいうところのフリーランスのような雇用形態で参画することとなったものの、仕事内容はオリベッティ時代とさほど変わりはありません。違っていたのは、会社員ではないため時間を気にせずプログラムに打ち込めることでした。

すでにプログラムはお手のものだった私は即戦力となり顧客から高い評価を得ること

にも成功し、日本でなら自分の技術力で十分に勝負できるという確かな自信をつかめました。

アメリカでの技術研鑽はできませんでしたが、このまま日本の現場で場数を踏めば、コンピューターのナレッジは着実に積み重ねることができます。何よりも、プログラムを書いていれば生活に困ることはありません。この仕事を続けていけばいつか、受託ではなくオリジナルの商品を開発し販売する夢も叶えることができるはずだと、私はひそかな野望を抱きながら、アプリケーションの受託開発にのめり込んでいったのです。

技術職のついでに社長業

まだまだシステム開発のできる人材が乏しかった日本ですが、開発需要は膨らむばかりで、請負業者側の言い値で仕事が受けられるような恵まれた環境でした。競合他社では4人くらいの人材が集まってようやく一カ月で終えられるような開発を一人で請け負い、4人分の給料をもらうような裕福な思いができたのも、いわば開発特需だった時期ならではのことです。

私は1980年6月、受託開発で得た資金を元手に、自社製品開発の夢をつかむため独立し、31歳でソフトウェアの開発会社を設立しました。

起業時は会社に自前のコンピューターなどありません。そもそもまともなオフィスすら構えていませんでした。自宅や喫茶店でノートを開き、あれこれ考えながらプログラムを手書きして、依頼先に足を運んでは自分の書いた内容をコンピューターに打ち込んでいくという原始的なやり方でのスタートです。

開発に携わっていたアプリケーションは、大気汚染の監視システムとか、放射線の角度を調整するものなど、細やかな制御を求められる業務に関するものばかりでした。なかなかこういったプログラムを組める人材がおらず、私の存在は顧客に重宝されていました。しかも新しい処理システムを追加するたびに私は仕事に呼ばれるので、顧客の1社ごとに継続的に案件を振ってもらえる循環を築けていたのです。

仕入れが必要だったのはせいぜいノートとペンくらいで、自分の知識とスキルが主な商材でした。だから起業しやすい状況だったといえます。すでにこれまで受託開発で関係を築いてきた取引先をもっていたというのも、経営を軌道に乗せやすかった要因になりました。

どんな会社にしていきたいかのビジョンは特に掲げていませんでした。とにかくオリジナルの商品を開発したい、との気持ちからの起業です。経営のことなんて二の次三の次で、技術職のついでに社長業をやっているような状態でした。

人を雇う難しさ

起業から1年半ほどは気楽に一人経営をしていましたが、以前在籍したオリベッティの社員から一緒に仕事をしたいと申し入れがあり、むげに断ることもできず社員として迎え入れることにしました。それを機に、気楽な一人経営から環境が一変しました。まず事務所を探すために、銀行に融資を申請しました。しかし、事業年数が短いとの理由であっさりと断られてしまい、なんとかやりくりして吉祥寺のマンションの一室を借り、二人の社員とともに会社組織としてスタートを切りました。社員を雇用するとそれに見合う仕事が必要になり、仕事が増えるとさらに人材が必要になるという循環が起こります。その結果、最初に借りた事務所はすぐに手狭になり、千駄ヶ谷のマンションに引っ越し、それまでの縁故による人材募集ではなく求人雑誌を使ったリクルーティングを始めました。当時の仕事はすべて受託開発だったので、数カ月の開発期間は会社としての収入が途絶えます。納品後に売上が立つものの、当然ながら開発期間も社員に給与を払う必要があったため、多くの中小企業の社長が苦労する資金繰りという問題に直面することになりました。

雇用は0から1が最難関

業界全体も、システム開発の需要過多に伴ってプログラマーが爆発的に増えていました。同時に、価格競争も激化しました。

当時のソフトウェア開発の取引現場は、1ステップ何円という値付けがオーソドックスでした。例えば1ステップ100円で仕事を受けていて、できたプログラムが1万ステップであれば、100円かける1万ステップで100万円の報酬となります。ステップ単価が安くても、冗長なプログラムを納品すると全体の価格は高くなるので、顧客からの評判は芳しくありません。逆にステップ単価が高くてもスマートなプログラムを組めていれば、トータルのコストは安くなるので顧客に喜ばれます。そこで競合他社と差別化するため、私の会社はステップ単価こそ高いですが他社の3分の1のステップ数で納品できます、とアピールすることで受注を勝ち取っていました。

ステップ単価の相場が価格競争の激化につれて、1ステップ100円が50円になり、30円になりと、みるみる安くなっていきました。ノートとペンと多少なりのプログラムのノウハウがあれば参入できた当時のソフトウェア開発業界でしたが、継続には困難なフェーズへと突入していったのです。

過当競争で生き残るためには、作業をいかに効率的にこなしていって、仕事をたくさん回して、より短期間で開発するかにかかっていました。つまり本質的な技術力が問われるようになり、だらだら時間をかけてプログラムを組んでいる会社は売上が激減し、廃業に追い込まれる事態となりました。

私の会社ではプログラミング作業を短縮するための社内用ツールを開発し、受託開発の際には独自ツールを活用して業務を効率化していました。ツールはコンピューターの中身の知識がないと実現できないものであり、オリベッティ時代の経験が大いに活かされました。プログラムの範囲でしか知識を積めていない、当時の標準的な技術者では真似することのできないレベルだったと思います。そのような技術者だけで構成された会社だと、顧客のオーダーに応えるプログラムを組むのが精一杯で社内技術の蓄積がないため、先細りの経営を余儀なくされて早晩潰れていたと思います。

経験に裏打ちされた社内用ツール開発のおかげで仕事は順調に回り、社員も少しずつ増やしていくことができました。

起業し経営を続けていくうえで、人を雇うことは一つの大きな山場です。社員の面倒を見ることができて、ようやく一人前の経営者といっても過言ではありません。

私の経験からアドバイスするなら、事業がいかに隆盛を極めていても、競争が激化している時期であっても、焦って一気に人材を抱えるのは危険です。潤沢な運用資金があれば話は別ですが、資金繰りは起業したてであれば数カ月先もままならないはずです。人件費などランニングコストはいきなり膨らますのではなく、緩やかに引き上げていく方針で臨むのがベターです。

まずは一人雇ってみることが重要です。資金管理や人事のフローチャートを把握し、軌道に乗せることができれば、二人目以降もすんなりと人材を増やしていけるというのが、私の実体験から感じるところです。雇用は0から1が最も急勾配で、1から10、そして30や50にするのは緩やかな坂を上る程度だといえます。

経営者にとってちょうどいいところ、自分のやりたいことが満足にできるところまで組織を大きくすることができたら、積極雇用の段階は終了です。商品開発に打ち込んだり、一人ひとりのスキルをより伸ばしたりする段階に入ります。

商品化の起点は「ユニーク＋継承」

私は自社商品を開発し販売したいという夢を胸に抱き続けて、機会を探っていました。自社商品の特徴として絶対に欠かせなかったのは、固定観念にとらわれていない、ユニークなものであることです。加えて、これまで自分が携わってきた開発の延長上にある、技術の継承によって生み出されるものであることでした。

ナレッジの積み重ねで完成した継承の産物であれば、代々伝わる秘伝のタレのようなもので、他社に真似されることはありません。しかもその産物がユニークであればあるほど、競合に脅かされることのない確固たるポジションを確立できるだろうと期待していたのです。また、新しい商品を開発するたびにゼロの何もない状態から生み出すよりも、これまでの継承で商品を開発すれば作業サイクルも縮めることができます。これなら小さな会社であっても、大手に対抗できるだけの競争力が保てるはずだ、という算段でした。

受託開発をしていくにあたって、社内でいくつかの作業効率化ツールをつくっていました。そのうちの一つに、複数のプログラムを並行して実行させるためのツールがありました。

Wordのような文書ソフトを起動しながら、Excelのような表計算ソフトも起動し、切り替えながら使っていくという現代では当たり前のようにできている作業も、当時のコンピューター技術では実現が困難でした。ソフトは完全一方通行で、一つ起動して使い終わったらいったん終了し、また別のソフトを起動する、というコンピューターの使い方が常識だったのです。

ソフトウェアは複数のプログラムを切り替えながら組み上げていくものです。いちいち起動と終了を繰り返していたら、一向に効率は上がりません。そこで社内では、複数の実行ファイルをメモリーに登録することで、プログラムを同時並行で実行させるツールを開発し、他社には真似できない作業効率で開発を進めていたのです。

このツールはまさにユニークな発想から生み出されたと自負しています。当時のコンピューターのソフトウェアというと、ごくわずかな時間で膨大な計算処理を要求される制御系のものがほとんどでした。1μ秒でも計算が遅れたら飛行機が墜落してしまうとか、電車が衝突事故を起こしてしまうとか、そういったリアルタイムな制御業務にコンピューターが使われており、正確無比なソフトウェアが望まれていました。すなわちリアルタイム性が重要であり、一つのプログラム実行にいかにコンピューターが集中できるかが問われていたわけです。

しかし業務アプリケーションの開発には、リアルタイム性は必ずしも重要ではありません。プログラムが常に動いていないと大事故につながる事態はまずないのです。そこで一つのプログラムにコンピューターを集中させるのではなく、いくつかのプログラムを交互に処理できるようにしてみたらどうか、という発想から私たちのツールは生まれました。今では普通の発想であり誰もユニークとは思わないでしょうが、当時では固定観念を打ち破ったまったく新しいツールだったのです。

そもそもコンピューターを使って仕事をしているほとんどの業種で、リアルタイム性はさほど必要ではありません。これからいっそうコンピューターが普及していくなかで、むしろリアルタイム性を要求される処理のほうが少なくなっていくことは、当時十分予測できましたし、むしろ同時にプログラムを動かせることのほうが利便性として求められるはずでした。私はこのツールをマルチタスクモニター「ＥＤＳ（Easy Development System）」と名付け、商品化へ向けてプランを練っていったのです。

独自路線から生み出されたマルチタスクモニター

起業3年目の１９８２年頃には社内用ツールとして形になっていたマルチタスクモニターＥＤＳは、改良を重ね完成度が高まり、商品化のチャンスが巡ってきたのは１９８8年頃でした。

そして生まれた自社製品第一号が、マルチタスクモニターＥＤＳ-Ｃです。Ｃ言語でつくったプログラムに対応しているので、Cを後ろに付けた商品名としました。C言語をコンパイルする、翻訳機のような役割をする商品と一緒に売ることができ、販促活動はそのコンパイル商品の流通会社に委ねることとなりました。

当時のコンピューターを勉強された方であれば、メモリーは節約して利用すること、またCPUを効率良く利用するために管理ソフト（一般的にいわれているオペレーティングシステム）が必要だと教えられたはずです。そのため、当然のこととして入出力処理をしている間には、別のプログラムを実行させCPUのリソースを有効に使うべきと習ったかと思います。

ここでは当時のオペレーティングシステムであったMS-DOSがサポートする入出力機能を利用する方法と、別に入出力ソフトを開発する方法が考えられますが、それはつまり、制御システムのようにリアル性を重視するか、業務アプリケーションのように汎用性を重視するかの選択でした。私はリアル性を犠牲にして汎用性を選択しました。MS-DOS上で開発したプログラムはそのままEDS-C上で実行することができるので、二重開発の必要がなく、単体のテストをMS-DOS上で実行させ、確認後にEDS-C上で実行できるという利便性を提供することができました。

ＥＤＳ－Ｃのメインターゲットは、私たちのような開発会社やメーカーです。自分たちでつくった複数のプログラムをこのソフトウェアに登録することで、交互にプログラムを走らせて仮想的な同時進行を実現します。ユーザーの好きなようにカスタマイズができ、さまざまな業務に応用できることが大きな強みでした。

こんなものはリアルタイム性がないから商品としての価値はない、と低い評価を下す人がいる一方で、ユニークさに興味をもってくれる層も多数いました。発売直後から売れ行きは好調で、特に大手の機器メーカーから絶大な支持を得ることができました。使い方をレクチャーする有料セミナーを開くと毎回満席になる盛況でした。

売れて一安心、これでソフトウェアメーカーとしての地位も確立でき将来も安泰だ、と言いたいところですが、販売直後から新たな苦労を経験することになりました。

商品として世に送り出したということは、商品に対して責任をもたないといけません。購入者が困っていたら手助けをしないといけないのです。受託開発であれば顧客の新しいオーダーのたびに費用を請求することが可能でしたが、販売した商品は無償のサービスとしてヘルプ対応する必要があります。新たに人件費が必要となり、これが会社の経営を圧迫する懸念事項となりました。現在のようにクラウドサービスで利用料形式のビジネスモデルあれば、安定度は増したでしょうが、当時はそうはいきませんでした。

自社ブランドを創出できた小さな企業の多くはこのような保守業務、カスタマーサポートでつまずきます。ＥＤＳ-Ｃはたくさん売れたからまだよかったのですが、いちばん大変なのはちょっとしか売れなかったパターンです。わずかでも売れたからには保守・点検にも対応する必要がありますが、売上は芳しくないため、収入と支出のバランスが取れません。その結果、たちまち資金がショートして廃業に至ってしまいます。実際にそのような会社をこれまで私はいくつも見てきました。それだけ商品化するというのは、ことソフトウェアの分野では特に、ハイリスクな決断なのです。

私の場合、第一号がほかにはない非常にユニークな発想の商品であったので、予想以上の販売実績を出し弾みをつけることができました。少ししか売れずつまずいてしまっていたら、私も以降は商品化を諦めて、受託開発一本でやっていた可能性があります。

このとき経験した顧客対応のノウハウはその後の商品開発に大いに役立ちました。誠心誠意の対応を心掛けることで、自社を応援して継続的に商品を購入してくれるファンも増えていきました。もっとこういうことはできないか、こうしたらもっと良くなるのではないかと提案がもらえて、次の商品開発へのヒントにもつながり、新しい仕事の発生にもつながっていったのです。

当初MS-DOSがサポートするメモリー空間は640KBでした。MS-DOSは一つのプログラムの実行を終えてメモリーを開放し、次のプログラムを実行させる仕組みだったので、十分といえるメモリー空間でした。

EDS-Cは、複数のプログラムをメモリー上に配置する必要があり、メモリーが640KBでは十分とはいえませんでした。

その当時、CPUメーカーのインテルは、4MBまで拡張できる386CPUをリリースしましたが、Microsoft社はこのCPU機能をMS-DOSには搭載しませんでした。今思えば、Windowsの開発を見据えての戦略だったかもしれません。そこで、メモリー空間を大きくしたいという顧客のニーズに応えるため、4MBのメモリー空間を利用することに挑戦しました。しかし、どうすれば仮想86モードで実行できるかを考えたくても、日本語の解説書はもちろん、英語の解説書さえも見つかりませんでした。そこで当時発売された日本電気社製のXP98を購入して、テストプログラムの実行とリセットを数カ月繰り返して386CPUの動作原理を理解し、この機能をEDS-Cに搭載してEDS-V86としてリリースしました。

このとき初めて、他の追随を許さないユニークでOnly Oneの商品の開発に成功したといえます。顧客のニーズに応えてOnly Oneの商品を開発する醍醐味を経験したことで、次のマルチCPUボードの開発につなげることができました。

こちらはV86モードと呼ばれる動作モードに対応したマルチタスクモニターでメモリー領域の制約を取っ払った、またも画期的な商品でした。ファンとなって定着してくれる顧客の支持も広がり、その後のシリーズも順調に売れていきました。

音声応答システムとの出会い

当時はまだインターネットが普及していなかった時代です。チャットやメッセージアプリはおろか、電子メールも一般化されていませんでした。遠く離れた人とコミュニケーションを取る最短最速の手段は電話です。携帯電話はあったものの、ポケットには入らない鞄サイズで、実用的ではありませんでした。

この頃、アメリカではボイスメールと呼ばれる連絡手段がはやっていました。簡単に表現すれば留守番電話です。

アメリカは車社会なので、移動の多いビジネスマンの車内にはたいてい自動車電話が置かれていました。移動中、管理職は、車内からオフィスにいる部下に電話をかけ、ボイスメールにメッセージを残します。部下から上司への報告も、ボイスメールで録音することができました。電話番号を押したあと、例えばダイヤルの1をプッシュすれば録音ができ、2をプッシュすれば自分宛の録音メッセージを聞くことができる、といった仕様です。

電話をかけると自動音声案内が始まり、プッシュする番号に応じて特定の処理が行われるシステムを音声応答システムと呼びます。現代でもカスタマーサービスセンターへ電話したときなどに、音声応答システムを利用したことのある人は多いと思います。

このボイスメールの関連事業を手掛けていたアメリカのダイアロジック社が私の会社の商品に興味を抱き、商談をもちかけてきたのが1989年でした。ダイアロジック社の音声処理ボードに、開発したマルチタスクモニターの技術を応用させたい、との提案です。こうすることで、一つの電話回線から複数の電話回線へメッセージを分配することが可能となります。

　ダイアロジック社がマルチタスクモニターに目をつけたのは、複数の電話回線につなげられる可能性に魅力を感じたからだけではありません。一度システムを設定したらその仕組みでしか動かせないという固定的なものではなく、状況に応じて随時カスタマイズできるのがマルチタスクモニターの特徴です。例えば電話を受ける、切断する、メッセージを再生する、メッセージを録音する、といったものを関数として、顧客の要望に合わせて音声応答システムを自由に構築することができます。このマルチタスクモニターならではのユニークな仕様を、ダイアロジック社は実装したかったのです。

　1989年、ダイアロジック社の音声処理ボードとマルチタスクモニターの技術を合わせて、音声応答システム「T-VACS（Telephone Voice Answering Control System）」をリリースしました。これを足掛かりにダイアロジック社は日本進出を狙います。その後、1993年には大手出版社の依頼で、全国7カ所以上の拠点で大規模ボイスメールを展開するまでに至りました。

　ただ、日本の都市部は電車が発達しているため、自動車電話が普及したアメリカほどの需要は見込めませんでした。さらにこの数年後にインターネットが登場し、電子メールが一気に普及します。世界的にボイスメールそのものの需要は減り、ボイスメールの文化は衰退していきました。もう少し早くダイアロジック社から声が掛かり、音声応答の世界に入れていれば、T-VACSはもっとシェアを伸ばすことができていたはずで、その点は少し悔やまれます。

ダイアロジック社からの声掛け、音声処理ボードや音声応答システムとの出会いは、私たちが独自路線を歩んできたからこそ得られたものでした。

その後ますます、コンピューターは精密でしかも膨大な計算処理目的だけでなく、人間同士のコミュニケーションツールとして使われていく時代へと突入していきました。リアルタイム性は重視されず、データの正確な保存や移送が重要となっていきます。私自身、このような未来を完全に読めていたわけではないですが、時代の流れとニーズの変化によって、自社商品がより評価されるようになっていったのでした。

他社に真似できないユニークなシステムを

ボイスメール関連のソフトウェア開発を皮切りに、音声応答システム技術を継承したソフトウェアパッケージを続々リリースするようになりました。

その一つが大学入試の合否照会パッケージでした。大学の合格発表を現地の掲示板まで確認しに行けない人のため、レタックスで通知するのがその頃の一般的なやり方でした。送料は大学側の負担で、当時は1通あたり550円ほどかかったそうです。このレタックスに対抗して開発したのが、電話による合否照会です。所定の番号に電話をかけ、受験番号や生年月日などのＩＤを入力すれば、合否を知ることができる音声応答システムを開発しました。レタックスよりも安価で済むので導入を希望する大学が続出し好評でした。

しかし、真似されやすい発想の商品で、すぐに競合が登場したので注力するのは控えました。同じようなシステムとして小中学校の欠席連絡を電話応答システムで済ませるものや、金融機関の新規申込システムなどもつくりましたが、これらもやはり競合が多くなり過当競争が激化して、継続的な利益を生み出すことは困難でした。

やはりソフトウェア業界で生き残っていくには、ほかには真似できないユニークな製品でなければいけません。そこで1992年にはマルチタスクモニターの新作「マルチCPUボード」を開発しました。ダイアロジック社との協業でつくった音声処理ボードからヒントを得たもので、パソコンの拡張ボードとして取り付けるハードウェアです。これが私の会社にとって初めての、ソフトウェアではなくハードウェアでの単体商品です。

これまではコンピューター内にソフトウェアを組み込んでマルチタスクをこなしていましたが、このやり方では処理スピードに限界がありました。それなら外にボードを取り付けて処理をさせようという発想から生まれました。

ダイアロジック社でも電話制御はボード上で実行させ、処理はパソコン上のソフトで実行させていました。アプリケーションの開発で大きくパフォーマンスに影響を与えるのが、入出力ソフトの開発です。そこで、アプリケーションで利用される入出力機器（RS-232C、パラレル等）とCPUとメモリーを搭載するボードを新たに開発しました。このボード上では私の会社が開発したマルチタスクモニター（EDS）でアプリケーションを実行できるので、データの整形はボード上で行い、そのデータを本体のパソコンに送信して業務を実行することで全体の処理スピードを向上させることに成功しました。

今ではCPUが3個も4個も搭載されているサーバーPCが当然のように存在しますが、当時はコンピューター一台にCPUは一つでした。1個のCPUの処理速度を超えたパフォーマンスを実現するため、外付けのボードにマルチタスク処理をさせるCPUとメモリを搭載させたのが、この商品のユニークな点です。コンピューターとさまざまな制御装置との間に入れることで、スピーディーな並行処理を可能にしました。

マルチCPUボードは発売直後から高評価を受け、大蔵省（現・財務省）も空輸通関システムに採用しました。従来のシステムでは、輸出入品のリストを入力するコンピューターと、その入力データをプリンターで出力するコンピューターを別々に用意していました。当然、コンピューターを使う人間も二人必要となります。マルチCPUボードを導入すれば、一台のコンピューターでそのどちらの業務も担えるため、設備費も人件費も、占有スペースも半分で済むようになりました。マルチCPUボードはかなりの販売実績を誇り、その年の決算で取引先の金融機関に褒められたのをよく覚えています。

一貫したコンセプトが経営を長続きさせる

私の会社の商品には一貫して守り抜いているコンセプトがあり、それによって顧客との長期にわたる付き合いができているので、ダイアロジック社のように技術提携を打診してくれる有力企業が出てくるのだと思っています。

私の会社のコンセプトは、商品第一号の「EDS＝Easy Development System」に集約されています。つまり顧客側の手で簡単に改良できるシステムです。

使用している社内ツールをアップデートするたび外部へ発注するような運用では、外注費が発注の都度発生してしまいます。しかし自社内でソフトウェアを使って改良できれば、わざわざ外注する必要はなくなり、低コストでバージョンアップを図ることができます。しかも実際にシステムを走らせながらタイムリーに最適化していくこともできるので、自社で日に日にクオリティを上げていくことが可能です。私の会社の商品はそのようなシステム運用を実現できるよう設計しています。

とはいってても使い方をレクチャーする必要はありますし、結局使いこなせずに私の会社へ外注依頼する顧客も少なくありませんでした。

しかし、今ではこのような、顧客自身でシステムを構築できるツールが増えています。パソコンが身近になり、携帯電話が普及し、誰でもスマートフォンでアプリを直感的に操作できる時代が到来したので、当たり前に受け入れられるようになったといえます。

時代を先取りしていたといえば聞こえはいいものの、商品コンセプトが理解されなければメリットを感じてもらえません。技術一筋だった私は売り方に苦労することもしばしばありました。うまいプレゼンができていれば、もっと販売実績を出せていたのではないか、より先駆者として名を馳せることができていたのではないか、と感じる商品も振り返ってみるといくつかあります。

確実にいえることは、自らのコンセプトをしっかりと確立して崩すことなく貫いているからこそ、ファンからの支持を得られ、今があるということです。

拡大しないからこそ守れた理念とコンセプト

コンピューターのナレッジを積み上げて自社商品を開発したいという私の願いを叶えるためには、組織からの束縛を離れて、独立する必要がありました。私はどうしてもやりたいことがあったからこそ、必要に駆られて会社を設立したのでした。

経営のイロハを何一つ身につけていない私が、起業後の不安定で激動の時期を乗り越えていくことができたのは、設立当初に掲げていた理念を強く固持し続けたからこそだと思います。理念は、一つは物真似ではない唯一無二のユニークな商品をつくることです。もう一つは、そのユニークな商品がこれまで培ってきたナレッジの継承によって生み出せていることです。

社会というマクロな視点で見ると、コンピューター関連事業が急成長している時代であったのは確実ですし、それが追い風となったのも事実です。私のような技術畑から独立し起業したソフトウェア会社は、ほかにもたくさんあったと想像できます。しかし経営を長く続けることができたのは、ほんの一握りだったはずです。

短命に終わってしまった会社には共通点があります。海外や他社製品の物真似ばかりしていたのです。競合と同じものばかりつくっていると、最終的には価格競争に巻き込まれることは避けられません。技術の積み重ねをせず、自社ならではの強みをもたないことが仇となり、売上は減る一方で、撤退を余儀なくされてしまいます。

ソフトウェア開発の世界は特に、ノウハウの使い捨てが多いと感じています。日本国内でのソフトウェアの開発は、大部分が受託開発や人員の派遣で進められています。金融機関の莫大なシステムが、さまざまな外注企業や派遣社員たちでつくられた、システムの継ぎ接ぎで構築されているのは有名な話です。おのおのが担当したシステムについては互いにブラックボックス状態で、統括している発注者サイドも全体像の把握ができていません。

ノウハウの引き継ぎが十分できていないため、一度大きな不具合が起きてしまうと、どこに問題の原因があるのか特定しにくく、多大な障害を引き起こしてしまい世間を騒がせます。これは今も昔も変わらず日本のＩＴ市場が抱えている重大な課題です。

受託開発のやり方自体が悪いことはないですし、私も起業当初は受託開発をメイン事業として売上を立てていました。しかし、小さな会社が受託開発一本で経営をしていくのは至難の業です。なぜなら顧客の注文に従うがままの開発では技術の本質的な積み重ねはできず、会社の潜在的な動力源にはなり得ないからです。結局は資金力での勝負となってしまい、大手に負けて淘汰されていくのが必然の結末です。

私が受託開発一本に絞るのではなく、設立当初の理念を強くもち続けその結晶となる商品を世に送り出せたのは、拡大しない経営を肝に銘じてきたからです。組織を拡大し続けていたら、母体を守ることばかりを優先するため、受託開発だけでなんとか食いつないでいくような経営を強いられていたはずです。ユニークな発想を速やかに商品化へつなげていけるのも、技術の継承が満足にできているのも、拡大しない、小さな規模感での経営を継続しているからこそといえます。

加えて、ユーザーが自身で手を加えられるシステムにするという、当時は競合がほぼいなかった商品コンセプトを早い段階から決められたことも、経営により勢いをつける結果となりました。ニッチな市場で商品コンセプトを変えずに維持していれば、自然とファンがついてくれます。自分たちから広く営業網を張らなくても、自然とファンのほうから声を掛けてもらえるものなのです。私のケースでいえば、音声応答システムとの出会いをくれたダイアロジック社がそうですし、このあとにも同様の事例が何度もありました。

これから会社をつくるのであれば、自分が起業によって何を成し遂げたいのかという理念を明確にし、商品やサービスのコンセプトも確立してから本格始動することを私は強く勧めます。

第3章

迅速な意思決定により
早い段階で
経営リスクに対処できる

すばやい製品改良で
情報通信産業の構造転換を
乗り越える

ＩＴ業界の地殻変動

１９９０年代はコンピューター関連業界にとって激動の10年でした。パソコンメーカーがひしめきあい、我先にと新しい技術や性能を取り入れ、サイズも小型化し、価格も安価になっていきます。デスクワーカー一人につき1台パソコンを使うのが当たり前となっていったのもこの時代です。日本でノートパソコンが登場したのも、インターネットが一気に普及していったのも90年代でした。

技術的な躍進だけでなく、コンピューター会社の下克上が始まり、メーカーの勢力図が大きく動いたのもこの時期です。目まぐるしく状況が変わっていき、長く経営していた盤石だと思われていた開発会社が突如としてその存在を消したり、ぽっと出のベンチャー企業が一気に勢力を拡大したりしていくさまも見てきました。社内的にも酸いも甘いも噛み分けることになったのがこの10年間でした。

コンピューターに関わる者としては、90年代の激動を語るうえで、今もなおパソコンＯＳの二大勢力となっているMicrosoft社のWindowsと、Apple社のMacOSの登場を避けて通るわけにはいきません。

これまでコンピューターのディスプレイ上には「字」だけがひたすら表示されるのが当たり前でした。それが突然、ドットで描かれたグラフィックが表示され、マウスを動かしてアイコンをクリックすることでアプリケーションを起動できるようになったのですから、新時代のOSが業界に与えた衝撃は絶大でした。

世間的にはWindows95の登場した1995年が大きなターニングポイントとされていて、仕事場だけでなく家庭にまで一気にパソコンが広まるきっかけとなっています。私はこの少し前に、すでにグラフィカルなOS画面の衝撃に触れていました。1980年代の中頃だったと記憶していますが、展示会で見たApple社製のパソコンMacintoshと、それを囲む黒山の人だかりは今も脳裏に焼き付いています。画面上でカセットレコーダーのドット絵が動いて、ついでに音楽まで流れてしまうデモンストレーションには度肝を抜かれました。

パソコンの新しい時代が到来することを嫌でも実感せざるを得ませんでした。これまでも海外勢力に押されがちな日本のパソコンメーカーでしたが、Apple社の襲来でいよいよ決着がつくという予感を抱き、それはWindows95で確信へと変わっていきました。

Windows95の何がすごかったかといえば、比較的安価で手が出しやすかったこと、そして何より、インターネットへの接続が標準装備されていたことです。インターネットを使って気軽に情報を引き出せるようになり、電子商取引の市場が急拡大し、電子メールという新しい連絡手段が一般化していくこととなりました。

WindowsとMacOSが筆頭となるまで、ＯＳはＭＳ‐ＤＯＳが主流で、会社で開発していたソフトウェアたちもＭＳ‐ＤＯＳ専用でした。ＯＳの主軸が移っていくことは明白であり、開発した商品たちの需要も落ちていくことが予想できたのです。

堕ちていく企業と踏ん張る企業

これまでにないスマートで優秀なパソコンたちの登場とはいえ、処理スペックとしてはまだ課題を抱えていました。計測システムといった膨大な処理を必要とする業務の場合、リアルタイムかつ安定した制御を要するのですが、グラフィックに力を入れているWindowsは動作が不安定だったのです。

そこで考案したのが、Windowsが得意としている画像処理と、MS-DOSがもつ柔軟性を組み合わせたシステムです。自社製品のMS-DOS向けマルチCPUボードを改良し、Windows環境下で動作させ、マルチCPUボードで収集した情報をWindows仕様に加工して表示することを可能にしました。

Windowsの襲来にも臆することなく、これまでの開発資産を継承したこの新商品は、好調な出だしでした。ただ数年後にはパソコンの性能が上がり、またノートパソコンの普及に伴って拡張ボードを差し込むのが困難になっていったことから、マルチCPUボードの役目は終わりを迎えることになりました。

MS-DOSに固執し、新しいOSに乗り換えることをしていなければ、この変革の時期は乗り越えられなかったはずです。そのきっかけとなったのがMacintoshとの衝撃的な出会いであり、その出会いを通して新しい着想を得られたからこその新商品開発でした。Windows95登場の前から変動の時代を予感し、着々と開発を進められたことの意味は大きかったです。

この時代、MS-DOSからの乗り換えができずに衰退していった企業が多かったと記憶しています。今でこそ勝負の結果は明白ですが、当時はWindowsは本当にはやるのだろうか、結局ＭＳ‐ＤＯＳ一強が続くんじゃないか、と懐疑的な層もいたのは事実です。これ以前にもさまざまなＯＳが登場し、ＭＳ‐ＤＯＳにこてんぱんに打ちのめされていました。Microsoft社やApple社製で商業的に失敗に終わった新ＯＳ搭載パソコンも過去にいくつかあり、半信半疑になるのも仕方のない話でした。しかしWindowsがほぼ一人勝ちした１９９０年代が到来したということは、やはりインターネット標準装備の衝撃は大きかったのです。

１９９５年はＩＴの歴史において大きな転換期になったのは間違いありません。そしてその大きなうねりを伴った地殻変動に飲み込まれ堕ちていくところと、なんとか踏ん張って迎合して生き残るところと、はっきりと命運が分かれる時代でもありました。

新時代と折り合いをつけた商品開発

新ＯＳ時代の到来を迎え入れつつ、引き続き商品コンセプトである「お客さま自身がシステムをつくれる」ソフトウェア開発に専念しました。戦場は変わりましたが、戦い方は一貫して変わりません。パソコン業務に携わる顧客の手助けとなる、ユニークな商品づくりを続けるのみです。

Windows95登場の翌年、これまでにない新しい発想の商品を開発しました。ダイアロジック社との協業で培った技術を応用したもので、電話問い合わせ窓口で音声応答システムを採用している企業に有用な商品です。最大の特徴は、音声応答システムを企業が内製にて、プログラムなどの専門的な知識を有していなくても作成できる点にあります。Windowsが得意としている描画機能を活用したのがポイントで、画面上でアイコンを配置し線をつなぐことで、音声応答システムを気軽に構築できるようにしています。

例えば、電話を受ける、顧客情報を入力してもらう、入力番号を受信する、音声を録音する、といった処理がアイコンとして画面にビジュアル化されていて、これらをつなぐことで電話応答の流れを自社で簡単に組むことができます。業務フローが変わったら現場レベルで柔軟に変更ができるため、非常に使い勝手のいいツールでした。

音声応答システムのパッケージをつくるためのパッケージということで、この商品を「PGP（Package Generator Package）」と名付けリリースしました。

PGPは非常に好評で、大手メーカーとOEM契約を結ぶことができ、今もなお販売を継続することができているロングセラー商品となっています。MS-DOS時代からの音声応答システム技術を継承し、ユニークでほかにはない発想の商品を開発したからこそ、20年以上にわたって支持を得ることができています。

当時のBtoB向けかつWindows対応のソフトウェアは複雑な操作を要求するものばかりでした。購入者向けのレクチャーを数回にわたって行う必要があったり、分厚いマニュアルをしっかり読み込む必要があったりするのが当たり前だったのです。一方のPGPは、アイコンを使って直感的に動かして、学びながらシステム構築できる環境を提供していました。コンセプトで他社と差をつけられたことが人気の秘訣です。

・最後のオリジナルハードウェア

1995年以降から一気に普及し始めたのがノートパソコンでした。ノートパソコンにはボード差込口がなく、音声処理ボードとつなぐことができません。デスクトップパソコンであればボードを差し込み電話回線とつなぐことで、電話とパソコン間の通話を可能にしていましたが、ノートパソコンではそれが実現できなかったのです。そこであるときふと、ノートパソコンにハードウェアを外付けすることで、電話回線とつなげられたら面白いのではないかとひらめき、電話線の差込口とノートパソコンを接続できるハードウェアの開発を始めました。

マルチCPUボードや、ダイアロジック社とともに製作した商品をヒントにして、1998年に開発したのが「Voice Adapter」でした。ノートパソコンと電話回線との間にこのハードウェアをつなげることで、ノートパソコンから直接電話をかけることができます。さらにノートパソコンにPGPを入れれば、簡単な操作で音声応答のシステムが組めます。画面上の電話番号をクリックするだけで簡単に電話をかけられ、かけ間違いもありません。電話業務効率化ツールとしてこれ以上のものはない、と自信をもっていえる画期的な商品が出来上がりました。

従来、パソコンから電話回線につなぐには膨大な費用を要していたのですが、Voice Adapterがあれば低コストで導入できるため好評で、企業規模問わずたくさん販売することができました。

Voice Adapterはほかにはない完全なオリジナル商品で、まさしくユニークな発想から生まれたものです。私もお気に入りの商品だったわけですが、一方でハードウェアというのがネックでもありました。

ソフトウェアならパソコンにシステムとして導入するだけで済みますが、ハードウェアは一つひとつ製品として組み上げる必要があります。ハードウェアメーカーに依頼してつくっていたのですが、商品にトラブルがあったとき、私の会社だけではカバーしきれないことが多々あり、対応に四苦八苦しました。

私の会社はソフトウェアを専門としている開発会社です。専門外の商品が売れれば売れるほど、トラブルに見舞われる機会も多くなったので、Voice Adapterの在庫がゼロになったタイミングで生産終了としました。このVoice Adapterが、自社開発商品の最後のハードウェアとなりました。

会社にもっと資金があって、売り方も工夫できていれば、Voice Adapterもロングセラー商品となっていたのでは、と今さらながら思います。しかしその一方で、この画期的な商品の販売に固執し過ぎて、ＩＴ業界の潮流に取り残される未来を迎えていたかもしれないとも感じます。今はもうハードウェアをわざわざ買う時代でもなく、1台の端末にアプリケーションをダウンロードすれば何でも済ませられる便利な時代です。ハードウェア需要は下がる一方でしたから、早々にハードウェア領域に見切りをつけたのは正解だったといえます。

ITバブルの甘い誘惑

1990年代後半はITバブルやインターネットバブルと呼ばれる時代でした。これからはインターネットの時代が来ると、投資家や大企業がこぞってインターネット関連事業への投資に狙いを澄ましていました。その判断は正しかったとは思いますが、具体的にどの企業やどのビジネスモデルが成長を遂げるのか、誰にも分からない手探り状態です。ITの最前線をひた走るアメリカでは、大学在学中に起業したベンチャーが、インターネット事業に色めき立つ投資家たちに専門的な言葉を駆使してプレゼンをし、潤沢な運用資金をかき集めていたと聞きます。そのなかから大成長を遂げた企業ももちろんあったと思いますが、多くのベンチャーは中身の伴っていないハリボテ企業だったり、ビジネスモデルそのものが破綻したりしていました。投資家からお金を取るだけ取って、間もなく煙のように消える残念なケースも散見されたようです。

日本も似たようなバブル経済を築いていました。インターネット関連事業で成長の見込めそうなところに、投資家やベンチャーキャピタルが続々と資金を投じていたのです。

しかしこれもまたアメリカと同様に、中身の伴っていないハリボテ企業がいくつかありました。なかには上場している企業でも、粉飾決算で業績を良く見せて、詐欺ともいえる行為でお金をかき集めていたところもありました。

中身を伴わない高額な時価総額の企業が乱立する事態となり、ハリボテ企業たちのメッキが剥がれると、資金を回収できなくなる投資家が続出しました。投資家たちの支援を失ったIT関連ベンチャーは次々と廃業に追い込まれ、のちのITバブル崩壊の大惨事へとつながっていきます。

ITバブルの真っただ中、ソフトウェア業界も大きな注目を浴びるようになります。私の会社にもベンチャーキャピタル数社からの接触がありましたから、同業他社にも続々とベンチャーキャピタルが押し寄せていたはずです。

高額投資を受けて資金が潤った同業をたくさん知っているのですが、そのほとんどがのちに勢いを失ってしまい、廃業という結果に終わっています。ベンチャーキャピタルから挨拶代わりに数千万円を渡され、見たこともない大金を手にした彼ら中小企業は気が大きくなってしまったのだと思います。この勢いを逃してはならぬと、会社拡大へ一挙に資金を投じたのですが、それが結果的に仇となってしまいました。

ベンチャーキャピタルは、いくつもの会社に資金を投じて投資先の株を所有し、そのうちのいくつかが上場できたら株を売却して儲けを得る、というビジネスモデルで成り立っています。投資先と綿密なコンタクトを取り上場するまでの筋道をサポートしてくれる頼もしい存在ですが、「脈がない」と分かれば即切り捨てるドライさも持ち合わせています。事業を拡大したことで資金がうまく回らなくなり、ベンチャーキャピタルに追加投資を要請しても、業績が不振であれば首を縦には振ってもらえません。ベンチャーキャピタルとの関係はそれで終了となり、経営も終焉を迎えることになってしまいます。ITバブルに便乗して一時的に祭り上げられたものの、負債だけが残って泣く泣く事業を畳むことになる企業があとを絶ちませんでした。

実は私の会社も一度ベンチャーキャピタルに出資してもらったことがあります。まだ私も拡大する経営を模索していた頃で、ベンチャーキャピタルの資金とアドバイスを基に上場を目指していたときでした。しかし付き合いを重ねるごとに、中長期計画に書かれた数字を達成することが第一になってしまい、やりたいことがやれなくなるもどかしさを感じるようになったのです。

自分のやりたいように経営したいスタンスの私と、事業拡大と上場を目指すベンチャーキャピタルの掲げる指針は、水と油のような間柄です。意見が対立してしまうのは当然の話でした。折り合いがつかず、ほどなくしてベンチャーキャピタルとの関係を解消しています。

拡大する経営をしたいのであれば、ベンチャーキャピタルほど心強い味方はいません。しかし自分がいっさいの責任を背負って、自分の意思と判断で舵を取っていくと決めているのであれば、ベンチャーキャピタルは不要ということです。自分には拡大しない経営が合っているのだなと、再認識した出来事でした。

「認めてもらうこと」に固執しない

ＩＴバブルの当時、投資する側が投資先を絞るうえで参考材料の一つとしていたのが、第三者機関の認定実績です。

規模の小さい会社は、不動産など担保となるものが乏しいため、簡単にはお金を借りられる立場ではありません。そこで会社の商品のもつ力や可能性をアピール材料とするのですが、その担保評価につながっているのが第三者機関の認定でした。

私の会社の商品にもいくつか認定を受けたものがありました。マルチＣＰＵボードやVoice Adapterは、当時の三和銀行が主催していた三和ベンチャーの認定を受けていましたし、ＰＧＰも新規性を有する技術として創造法の認定を受けていました。このような第三者機関のお墨付きがもらえている企業は技術力や商品力が高く事業拡大が期待できるということで、ベンチャーキャピタルは積極的にアプローチしていたわけです。これまで融資に後ろ向きだった金融機関でも、伸び代のある企業として融資を検討してくれたものでした。

しかし、認定を受けたことで調子に乗ってしまい、金融機関から大金を借りて返済に困って窮地に陥ってしまう、という本末転倒な結果を招く会社も少なくありませんでした。なぜ返済に窮してしまうのかというと「認定を受けた＝ヒット商品になる」という勘違いをしてしまうからです。認定はただ機関に認められただけであり、顧客や消費者に認められたわけではない、という肝心なところを忘れてしまう社長が多くいます。認められることと売上は必ずしも直結はしないのです。

例えばテレビで紹介されたとか、企業誌で取り上げられたことで自信をもって、広告を増やしたり営業員を増強したりなど、販売活動に力を入れる会社があります。確かに一時的な反響はあるかもしれませんが、継続した実績を出せるかどうかは、実際に利用した顧客たちの評価次第です。もし期待に応えられていなければ、すぐに顧客離れを起こしてしまい、見向きもされなくなります。

お金を借りるのであれば、実際に商品やサービスに触れた顧客たちの反応を見て、継続的な売上を出せるという見通しが立ってからにするべきです。第三者に認められた直後は適切ではありません。

そこを勘違いして、資金を得るために認めてもらうことばかりに固執する社長がいますが、これは愚かな選択といわざるを得ません。顧客に向き合えておらず、会社の本質的な力の養成にもつながりません。このような経営判断ばかり下す社長がトップにいる会社は、誰の目から見ても短命に終わってしまうことが簡単に予想できます。

・救済措置で安心する経営者

認められるというテーマでさらに言及しておきたいのが、経済危機に伴う国主導の救済措置の一環として実施される、金融機関からの積極的な融資です。

ITバブルの時代よりもあとの話になりますが、リーマンショックの余波で日本経済が大打撃を受けた際に中小企業金融円滑化法が施行されました。中小企業に対する金融緩和策で、借入条件の緩和や返済に猶予期間をもたせるなどの措置が取られました。当然、多くの中小企業はこの救済措置にすがります。国の後方支援があったため、金融機関にはリスクがほとんどなく、積極的な投資が行われていました。融資先の内情をほとんど見ることなく、大盤振る舞いで融資を認めお金を配っていたわけです。

この救済措置によって確かに金融ショックの煽りを受けて倒産してしまう件数は抑えられました。しかし融資を認められた企業の融資金の使い方は自由であり、それがその後の企業の運命を変えています。今は耐え忍ぶ時期だからと、ランニングコストとして温存する企業は正しい経営判断ができていたといえます。しかし金融機関に認められたのだからと安心して、経費としていい車を買ったり、急を要さない設備投資を行ったりするなど、浪費をする社長も多かったといいます。または新規開拓のために新しい事業に手を出したり、売上アップを狙って営業員を増やしたりするところもあったようです。

まさに『アリとキリギリス』の様相です。温存作戦であれば問題はありませんが、散財するような使い方をしてしまうと、身を滅ぼすことになってしまいます。当たり前ですが、借りたものはいつかは返さないといけません。中小企業金融円滑化法が終わりを迎えたあと、返済ができず債務整理に追われた企業は決して少なくありませんでした。

直近であれば新型コロナウイルス感染症の脅威によるコロナショックでも同じことが繰り返されています。国の支援によって認められた融資をどう使うかで、その企業の計画性や持久力は問われてくるといえます。

ここまでの話を一言でいえば、一時的なムーブメントによって認知されたり、金融機関からの認定が受けられたりで一気にお金が入っても、調子に乗るのはまずいですよ、ということです。思わぬお金が転がり込んだからと、ついつい気兼ねなく使ってしまう社長がいますが、これ以上ない愚策です。

私自身、いろいろ認定はもらったものの、会社を維持するためのランニングコストとしてお金を借りることはありましたが、販売活動や営業範囲拡大のための費用として借りることはしていません。拡大することをそもそもの目標とはしていないのですから、粛々と商品たちの販売数を見て、会社の本領を見極めながら、商品の収益でもって自走できる経営を心掛けています。

一気にお金が入ったら、まずは会社の基礎体力づくりに充てます。ランニングコストとして温存しておくことはもちろんのこと、自分たちのもっている技術や商品、サービスというものを、さらにもう1段階も2段階も伸ばすことに使っていきます。

市場がバブルの様相を呈しているときはいずれバブルが弾けたときのために、経済危機に瀕しているときはとにかく今を耐え忍ぶために、認められたことに浮かれず、慎重な経営判断を下すべきです。

「売れる」までの険しい道のり

ITの新時代と折り合いをつけていくなかで誕生したPGPは、会社経営に継続的な収益をもたらすとともに、技術資産を継承していくうえでの大きな基盤となりました。顧客自身がシステムを組める、というコンセプトの具現化としては一つの完成形であり、その後の商品たちはPGPの派生版ともいえます。

これまでにもEDSシリーズやマルチCPUボードなど、顧客のニーズに応えたほかにはない商品を世に送り出すことができました。順風満帆な経営を続けられているように感じられるかもしれませんが、実際のところはそうでもありません。ユニークな商品でありながら鳴かず飛ばずだったものもいくつもあります。

Voice Adapterをリリースする少し前、回線モニターを開発しました。端末と電話回線の間に取り付けるハードウェアで、信号がどのように送られているかをモニタリングできるのが特徴です。このようなモニターは当時3００万円から5００万円という高額でしたが、私の会社がリリースした回線モニターは30万円程度で提供することができました。

これもユニークで優れものだったのですが、マーケティング手法が適切でなかったのか広めることが叶わず、商品としては短命に終わりました。ただこのあとに類似品が他社からいくつか出ていたので、価格競争に巻き込まれ消耗していくだけだったと思います。あるいはマルチタスクモニターがダイアロジック社との出会いを経て飛躍したように、影響力の大きな企業に興味をもってもらえればまた違った未来もあった可能性があります。

過去にリリースしてきた商品を振り返ると、思った以上に売れた商品、ほどほどに売れた商品、開発費程度だけ売れた商品などがありますが、マルチタスクモニター、マルチCPUボード等のOnly One商品は思った以上に売れた商品であり、あれば便利な商品（PGPよりも簡単に音声応答システムが実現できる商品）は、ほどほどに売れた商品、すでに市場にある商品をリプレースする商品（回線モニターのようにすでにある専用商品をパソコンで低価格で実現できる商品）は、開発費程度だけ売れた商品という結果になります。ユニークな商品をつくっても、それがOnly One製品でなければ、コンペティターが必ず現れ、大手資本の参入に対しても勝ち目はありません。Only Oneの商品でも社会環境の変化によってライフサイクルは、長くて5年、そのため絶えずOnly Oneの商品を開発しリリースしていく必要があります。そのためにも迅速に開発ができる小さな組織の会社である必要があります。

・商品を生み出す喜び

経営を継続させるために重要なことは、新しいものをつくり続けていくことです。当たり前のことと思うかもしれませんが、案外この重要なポイントに気づかず自滅してしまう会社も多いものです。

せっかく資金を投じてつくったのだから、自信作をつくることができたのだからと、売り方ばかりに力を傾けてしまうと大変な目に遭います。販売手段にばかり資金を投じて会社が疲弊してしまったら、次への商品開発もままなりません。

原点がどこにあるのかを忘れてはいけません。今あるものを売ることが、起業に踏み切った理由ではないはずです。私でいえば、ユニークな商品をつくることや、顧客の困りごとを解決できる商品をつくることが、経営のエンジンになっています。原点を思い起こせば、次に取るべき正しい行動がはっきりと見えてきます。

私はとにかくつくることに喜びを感じていました。売れなくても決してめげることなく、早々に見切りをつけて、経験を糧とし、次への開発へと移っています。そして新たな開発の日々を楽しく過ごしていくのです。

本田宗一郎氏の言葉として有名な「三つの喜び」は、つくって喜び、売って喜び、買って喜ぶ、というものです。すなわち、技術者にはつくる喜びがあり、販売者には売る喜びがあり、そして買った人に喜んでもらうことで、商品の価値が認められるということです。

拡大しない経営をする私としては、さらに一歩引いた謙虚な姿勢であるべきだと考えています。つまり、つくれて喜び、売れて喜び、使っていただいて喜ぶ。会社員時代は新商品を提案しても、上層部が首を縦に振ってくれなければつくることすらままなりませんでした。社長となり、何ものにも邪魔されず、全責任を背負って好きなものをつくれることに、まず喜びを感じるべきなのです。売れることや使ってもらえることはその延長線上に、付帯としてついてくる結果に過ぎません。

ソフトウェアの世界は5年売れ続ければいいほうです。売り方に試行錯誤してようやく売れるようになっても、賞味期限が間近に迫っていたら、そこに注いだ資金は回収できません。それなら次から次へと商品開発に力を入れ、つくれる喜びを噛み締めるべきです。これは業界問わず共通する商売の原則だと思います。

この原点を忘れずにいれば、必ず自分のところにも順番が回ってくるもので、売り方の研究などしなくても買い支えてくれるファンが自然とついてくれます。パレートの法則でいえば、顧客全体の2割のコアファンが売上の8割を占めてくれるのです。拡大しない経営をする以上は、それがベストなやり方です。

拡大しないからこそ順応できた変革の時代

インターネットの普及や新ＯＳ誕生の時代は、ＩＴ業界に立て続けに旋風が巻き起こされました。ＩＴバブルによって業界には一時的な潤いがもたらされたものの、至るところに落とし穴が用意されており、淘汰されていく中小企業もたくさん存在したのがこの時代の特徴といえます。次から次へと新しいＩＴ技術が登場したので、少しでも乗り遅れてしまうと取り返しのつかないことになってしまいました。

１９９０年代、日本ではポケベルが大流行しました。外出中の相手にも連絡が取れる便利さ、そしてポケットに入る持ち運びのしやすさが人気の秘訣でした。ビジネスでもプライベートでもポケベルの利用率は高く、ピーク時には契約数が１０００万件を超えるほどのヒット商品でした。

私の会社でも、ポケベルを使ったソフトウェアの開発をある有名企業から受託していました。ポケベルブームにも乗ることができ順調に売上を伸ばしていたのですが、携帯電話のシェアが拡大するにつれてポケベル人気は翳りを見せるようになり、受注依頼も減っていきました。ここでポケベル事業に固執することなく、パソコン関連のソフトウェア開発だけに集中していく判断を下したことは大きかったです。時代の流れを読み間違え、ポケベルだってまだまだやれると、ポケベルに固執して新しい技術を受け入れることのなかった企業では、そのまま淘汰されていくところもありました。おそらくそういった会社は、ポケベル事業を継続すべきか、速やかに乗り換えするべきか、社内で何度も議論を交わし意見の衝突があったはずです。判断が遅れ足踏みしているうちに、気がつけばポケベル市場は跡形もなくなり、消費者に見向きもされなくなってしまったのです。新しい事業を展開する体力も技術力もなく、廃業に至ったのだと思われます。

ポケベルを例としましたが、こういった時代においていかれての淘汰事例というのは挙げればキリがありません。新しいムーブメントの受け入れを根拠なく拒絶したり、あるいは決断を下すのに時間がかかってしまったりすると、経営に大きな支障をきたしかねないのです。

新しいものを受け入れるには確かにそれなりの労力が必要です。ＩＴの分野ではなおさら、新しい技術の知識や理解を要するので時間やコストがかかります。ただ私の場合、そもそも新しい技術を取り入れて学ぶことに喜びを求めての起業でしたから、ここに拒絶を感じることはありませんでした。〝つくれて喜び〟の思想があったからこそ、幾度となく押し寄せる変革の時代も乗り越えることができたのだと思います。そして迅速な意思決定を行い、ポケベル関連の開発から撤退し、新ＯＳを受け入れていくことができたのは、拡大しない経営ならではの順応力があったのだと思います。

・転換期を乗り越える秘訣は抵抗力ではなく対応力

過去の成功体験に引っ張られ過ぎると、重大な経営リスクとなる変革の時代を受け入れられず、理由なく抗う態勢になりやすいので注意が必要です。

かつて私がそのすばらしい技術に憧れを抱いたＤＥＣ社でさえ、１９９０年代に買収され影も形もなくなってしまいました。これもまさに過去の成功体験に縛られたことによるものです。コンピューター業界の老舗大企業としての誇りを捨てられなかったため、情報通信技術の新しい時代に対応できなかったことが破滅の一端となっています。それは外的な要因が引き金であるものの、大元の破滅の要因は内部の人間たちのわがままにあったといえます。

氷河期の到来で体が大きい恐竜は死滅しましたが、小さな哺乳類たちは生き残ることができました。この真理は今も昔も変わりません。大きな変革の時代にあっては、拡大しない経営を続けていて、迅速な意思決定を講じることができる柔軟性に富んだ会社のほうが有利といえます。

大事なことは、抵抗するのではなく受け入れてすばやく対応することです。新しく登場した技術や価値観と、これまで培ってきた技術でどのような創造や開発に挑めるのかという点に変革の時代を乗り越えるヒントがあります。長いものには巻かれろ、とはあまりいい意味では使われないかもしれませんが、自分たちの守り抜きたい理念やコンセプトと、新しいイノベーションとの融合を目指す姿勢を守っていってほしいということです。

慢性的な人手不足の現代は、老舗店でもデジタル化を取り入れて省人化を目指していきます。デジタル化を拒み、旧態依然としたやり方を続けているところほど、その長い歴史に幕を下ろしてしまっています。

時代の流れに応じて経営のあり方は変わってきます。世の中の動きには絶えず注目して、拡大しない経営ならではの柔軟さで順応する必要があります。

第4章

柔軟な事業戦略の舵取りで
ブルーオーシャンを
開拓し続けられる
電話回線領域で生み出した
超ロングセラー商品

課題解決がブルーオーシャン開拓の糸口

拡大しない経営でやりたいことを続けていれば、こちらから求めなくても、向こうからうれしい話はやってくるものです。そしてこれまでのナレッジを活かした、まったく新しい領域へ躊躇なく舵を切ることができます。これは業種業態など問わず、すべてに共通している真理だといえます。

とはいえただ待っていてもうれしい話は舞い込んではきません。ほかにはない独自性の高い技術を積極的に取り入れるのはもちろんのこと、継続して自社の新商品を世に送り出していく必要があります。そして何よりも、業界のなかに身をおいているからこそ感じている課題をつかみとり、自分たちだからこそ提示できる解決方法を発信し続けることが肝心です。ほかとは違うユニークなものを創出する会社であり、小さいけれどあなどれないと思わせることができます。このような時代に先駆けた活動によって、関係をもつことなど予想もできなかった大企業とも提携することが叶うわけです。私の場合、電話回線領域の根底にある課題に独自の解決方法を編み出し、まったく新しい事業戦略を組み立てていくことで、ロングセラー商品を生み出すことができました。

「電話屋さん」に本格参入

Windows向けの音声応答システムPGPをリリースして以降、電話での顧客対応部署を抱える企業向けのソフトウェア開発に、より力を入れるようになりました。PGPは電話担当者が自分の手でシステムを改良できる点で好評を博したものの、ソフトウェア自体にはまだ課題が残っていました。「顧客」には喜ばれる仕様であるものの、「顧客の顧客」には不満の残る仕様だったのです。

電話応答システムは基本的に、電話をかける側にとってストレスの源となっています。例えば購入した商品に不備があったため、商品交換をしてもらうためメーカーのカスタマーサポートに電話をかけたとします。多くのメーカーは電話応答システムを導入していて、まず自動の音声が流れます。そして、商品の注文やキャンセルは1を、購入した商品の使い方に関しては2を……というように、問い合わせ客の要望に応じた番号を押すように促されます。この説明が冗長で、しかも抑揚のない機械的な音声というのも手伝い、イライラを募らせることになります。

商品の不具合や交換については5を、と言われたので5を押したところ、ようやくカスタマーサポートにつながります。しかしコール音が鳴り響き、何分も待たされるというのは、誰もが経験したことがあるかと思います。ここでさらに問い合わせ客は苛立ちを感じます。

ようやくオペレーターに電話がつながったと思えば、名前や購入した商品名を尋ねられ、調べますので少々お待ちください、とまた待たされ、このような手際の悪さが企業の評判を落とす一因になっていました。

大きな組織だとPBX（Private Branch eXchange）と呼ばれる大掛かりな機器が社内の一室に設置されていました。簡単にいえば電話交換機であり、外部から社内の特定の部署に直通で電話がかけられたり、内線同士で電話をつなげられたりする装置です。

現在ではクラウド版が登場し維持コストが安価になっているPBXですが、当時の初期投資費用は高いものだと数千万円に上るものもあり、ランニングコストも決して安くはありませんでした。中小規模の企業ではなかなか手を出せる価格ではなかったのです。

そこで生まれた新たな概念がｕｎＰＢＸです。サーバー上に音声処理ボードを組み合わせることで、サーバー上のコンピューターがＰＢＸのような交換機の役割を果たしてくれます。コンピューターの処理スペックが上がってきたからこそ生まれた概念で、わざわざ大きな交換機を置くといった手間やコストが大幅に削減できるのが最大の魅力です。そして何よりも、コンピューター内のソフトウェアを更新していくことで手軽にシステムをアップグレードできる点がＰＢＸとは違って優れていました。

ｕｎＰＢＸの概念はアメリカで始まり、協業していたダイアロジック社から紹介を受け、日本でもいち早く取り入れようと動き出しました。

一方でＰＢＸの技術そのものも進化を遂げ、プラス機能として電話をかけてきた相手の情報がパソコンのモニターに表示される便利なものも登場していました。これが一時、かなり話題となり需要が高まる兆しを見せました。

電話に出る前に相手の名前が分かっていたら、◯◯様いつもお世話になっております、と言えるわけで、顧客の満足度や会社への評価はだいぶ違ってきます。この機能がもたらす価値は大きなものでした。

日本の資産力の高い企業も優秀な機能を搭載したＰＢＸへの投資を惜しみませんでし

たし、国内のメーカーも日本に最適化したPBXの開発に余念がありませんでした。unPBXにもこのような機能を搭載できれば、安価で利便性の高い商品として人気を博すはずです。これらのアイデアを基に、商品開発に熱中しました。

電話交換機の切り替えシステムはダイアロジック社のunPBX機能を搭載したボードを採用し、これまで培ってきた技術を継承したunPBX用ソフトウェアを1998年に開発しました。商品のコンセプトは一貫して変わりません。外部から電話を受ける現場のオペレーターの意見が尊重できるような電話対応システムを構築できる仕様です。PGPのようにアイコンを配置して線を結びながらシステムを組むことができます。その過程が、画家がキャンバスに描画していくさまに似ていることから、「Net-Canvas」と名付けました。

さらに翌年、既存のPBXや電話網を活かしながら理想的な電話対応環境を実現する「Callagent」を開発しました。人気を博していた大手のPBX機器は、顧客情報を表示させるシステムを取り入れるだけでも数千万円規模の改修が必要でした。Callagentならそのようなコストをかけることなく、名前のとおり電話の代理人としてコールセンターのオペレーターをサポートします。顧客情報の表示以外にも、情報が多く散乱しがちなコールセンター現場の一元管理を行ったり、複数の顧客に一斉に電話をかけられたりなど、必要な機能を多数搭載していました。

Callagentはカスタマーサポートやクレームに対応するコールセンターをもつ企業から問い合わせを受ける人気商品となりました。これを皮切りにコールセンター向けの商品開発に力を入れるようになります。電話関連のソフトウェア開発事業に本格参入することを決めたのがこのときでした。

拡大しない会社のウイークポイント

ｕｎＰＢＸの概念そのものはたいへんすばらしいもので、顧客満足度を上げるため当時の日本企業もこぞってＰＢＸに惜しみなく資金を投じている時代でしたから、当然のようにｕｎＰＢＸも認知度が高まっていくと睨んでいました。

しかしＰＢＸの大手にはなかなか打ち勝つことができませんでした。ｕｎＰＢＸとＰＢＸでは導入コストが1桁ほど違うのですが、それでも価格の高いＰＢＸを選ぶ企業ばかりだったのです。

もちろんなかには思い切ったコールセンター改革を実践する企業もありました。1000人規模のオペレーターを抱える大手企業で、従来使用していた高額なPBXを手放し、数十台のunPBX系のシステムに切り替えて運用したというケースも聞いたことはあります。しかしそれはほんの一握りでした。

なぜunPBXへ乗り換える企業が少なかったかというと、ソフトウェアを提供しているメーカーが小規模な会社ばかりだったからと考えられます。

大手企業に私たちのような会社が営業をかけても、そんな小さな無名の会社の製品なんて信用できない、と門前払いを食うのが関の山でした。開発しているソフトウェアの売りである、社内で自由にカスタマイズができるメリットを熱心に訴求しても反応は薄く、そんな中途半端なソフトを売りつけてくるなと反発を受けることもありました。

信頼性というのは小さな会社が抱えるウイークポイントであり、ソフトウェア事業の会社は特にその傾向が強くあります。顧客側から見れば、システム担当として長く付き合っていくことになる会社を選びたいわけで、10年先も安定した経営が続いていそうなところと提携するのが一番です。あえて小さくて無名の会社と組んでリスクを背負う判断など安易にはできません。

私が実際に経験したことなのですが、営業先担当者の上司の人と面談をした際、開口一番、おたくの会社は何年もつのかと尋ねられたことがあります。ベンチャーがつくったものなんて信用できないという本音がありありと伝わってくる出来事でした。

・マイナスを覆すプラスを用意する

小さな会社は信頼されづらいという事実は受け入れるしかありません。しかしそのマイナス要素を覆すようなプラス要素をもつことで、営業先に関心をもってもらえるように心掛けました。私の会社の場合、大手企業と取引しているのはアピール材料の一つでした。大手企業が私の会社の商品をOEMで販売していると伝えるだけで、こんな小さな会社があんな大企業と、と一気に評価をひっくり返すことができます。

そしてもう一つは会社の所在地でした。私の会社は都心の有名なビルにオフィスを設けています。家賃は当然高くなるのですが、これが大きな担保となってくれています。名刺の住所を見て目の色を変える営業先もいくつかありましたし、金融機関からお金を借りる際も評価につながりました。実際、所在地によりシステムのことはよく分からない上席の方の信用を得ることもできました。

時代は変わり、場所の問わないビジネスも隆盛になっていますが、それでもやはり住所というのは、特にＢtoＢ向けのソフトウェア開発会社にとっては重要な選定材料とされています。

このように、大手企業に対抗できるような強み、小さい会社でも信頼を担保できるものをもっておくと、拡大しない経営は安定感を増します。

地域の電気屋さんは、品ぞろえでは家電量販店には敵いません。しかし何か家の家電製品に問題が起きたとき、一声掛ければすぐに飛んできてくれる頼もしさがあります。これが信頼感へとつながり、地元に支えられ長く続けられる土台となるのです。

私のように大手企業との取引実績をアピールするとか、有名なビルにオフィスを構えるなど、信頼を得るための方法はいくつか考えられます。拡大しないゆえに信頼されにくいことは受け入れ、会社規模の代わりに信頼されるための要素を用意できるのが理想です。

ｕｎＰＢＸ商品はＰＢＸメーカーの握るシェアを奪うことはできませんでした。しかし小規模で編成されている、高価なＰＢＸ機器には手を出せないコールセンターには好評で、順調にシェアを伸ばすことができました。大規模なコールセンターであれば、システムを刷新するたびに外注したとしても、その投資に見合った回収が見込めます。小規模コールセンターの場合なかなかそのようにはいきませんから、自身の手で改良を加えながらシステムを改良していく環境が理想でした。その点で私の会社で開発されたソフトウェアは重宝されたのです。

この分野でも、商品の価値を認めて長く支持してくれるファンを獲得できています。当時はまだニッチな市場であった、小規模コールセンター向けの使いやすいソフトウェア開発を続けていくことで、競合を技術力で圧倒できる地位を確立していくことができました。

縁あってブルーオーシャンに飛び込む

日本のマーケットは独特であり、世界標準のものがなかなか受け入れられない傾向があります。代表的なのはフィーチャーフォンです。ガラパゴス携帯とも呼称される独特の進化を遂げた日本の携帯電話は、世界標準とはかけ離れており、他国と比べてスマートフォンの普及率が緩やかだったのはガラパゴス携帯のシェアを奪うのに相当な時間を要したためといわれます。

ソフトウェアの世界でいえば、例えば文書ソフトがそうです。世界標準語の英語が横書きに対して、日本語は縦書きが一般的です。平仮名だけでなく漢字もたくさん存在し、言語も独特の進化を遂げているといえます。当時は文書ソフトの代表格であるMicrosoft社のWordでさえ、本家でアップデートがあるたび、日本版が正常に動かなくなるような困った事態が頻発していました。

このように日本はその独特なニーズに合わせたカスタマイズ要求が多く、海外製品がなかなか日本にはマッチしない現状があったわけです。

21世紀を目前に控えた2000年、アメリカで音声認識エンジンを提供しているスピーチワークス社が、日本の市場に参入しようと画策していました。ただ日本は独特の市場を築いているため、日本に最適化した製品を開発しなければ市場を築くことはできません。そこで日本国内で音声システム関連に強い会社がないか探していたのです。あるとき、スピーチワークス社とダイアロジック社の幹部がディスカッションした際にその話題となり、ダイアロジック社から私の会社の名前が出たそうです。そのような経緯で、スピーチワークス社の副社長が、面白そうなことをやっている会社があると聞いて、私の会社を訪ねてくれました。

当初のスピーチワークス社の目的は、私の会社のM&A、つまり買収でした。当時はまだM&Aという言葉が国内に浸透しておらず、私も正直いってピンとはこない提案でした。少なくとも、M&Aでスピーチワークス社の傘下となり、アメリカ企業の一員になることは確かでした。何か新しいことをするにしても本社経営陣の顔色をうかがわなければならず、窮屈さを感じる経営になることは目に見えていました。

私が難色を示したところ、スピーチワークス社副社長は譲歩案として会社の名前を残し子会社とするという条件を提示しました。それでもやりたいことがやれなくなるだろうと思い、私は改めて拒否しました。すると今度は、技術提供をしながら、名前を残した子会社で社長を兼任する契約でどうか、という提案をしてくれたのです。これなら私の会社は独立企業として、拡大しない経営を続けることができます。私は要求に応じ、会社を存続させながら日本スピーチワークス社と戦略的パートナーシップを契約しました。

このときのスピーチワークス社副社長との交渉を通して、アメリカの経営陣というのは専門技術の知識に長けているのだなあ、と深い感銘を受けました。これはダイアロジック社のトップと話したときにも感じたことでした。

日本における大企業のトップの多くは経営については明るくても、自社の技術の詳細について詳しい人はごくわずかです。これは大企業の社長の大半が、技術畑ではなく金融畑から選ばれていることに起因していると思われます。経済の停滞が続いていたここ30年ほどの日本では、日本を代表する有名企業は技術力を伸ばすことよりも、いかにお金を上手に動かして生きながらえるかに終始していました。その結果が、今の日本の技術力不足と上向かない経済ということなのです。

スピーチワークス社副社長と技術的な話を深く詰めていき、お互いの技術を尊重しながら経営的な話を展開できたことは非常に大きな収穫でした。M&Aも好意的に受け止められましたし、ぜひ一緒に仕事をしたい、これまでにない新しい商品を世に送り出したい、という気持ちにもさせてくれました。

このような経緯で、音声応答や電話通信の分野で製品を開発していた私は、日本ではまだ市場が形成されていなかった、音声認識という未開拓の分野へ図らずも飛び込むことができたのです。日本には競合のいないまさしくブルーオーシャンでした。

誰も参入していないマーケットを見つけるというのは非常に困難なことです。仮に見つけられたとしても、そこで成果を出すには培ってきたノウハウが活かせなければなりません。ゼロからのスタートでは、あとから参入してきた大手に飲み込まれてしまうのが関の山です。

これまで独自の技術を継承し進化してきた私の会社のナレッジと、音声認識の新分野で勢力を増していたスピーチワークス社の技術が合わさることで、優位性をもって開発に打ち込むことができたのでした。

ユニークな商品だからこその苦悩

音声認識技術とは、人が出した声をコンピューターが認識し、その内容に応じてさまざまな処理を行うシステムです。車社会のアメリカではボイスメール、つまり留守電でメッセージを残す方式がはやっていましたが、このボイスメールと音声認識の合わせ技が人気となっていました。メッセージを留守電に吹き込むと、音声認識技術によってテキスト化され、相手にメールが届くというシステムです。いちいち録音されたメッセージを再生しなくても、効率良く指示や報告を確認できる点がメリットでした。

このような音声認識技術を活かした商品を、スピーチワークス社の音声認識エンジンを活用しながら開発していきました。実際に開発したユニークなものとして、電話を使った英会話の発音テストシステムがありました。電話口で英語を発し、音声が正しく認識できたら合格、そうでなければ不合格、と合否判定するシステムです。このソフトウェアを英会話学校に売り込んだのですが、面白いと言ってもらえる営業先がある一方で、反応が乏しい営業先もありました。

営業先の懸念事項としてよく挙がっていたのが音声認識の精度です。当時の技術では音声を正しく認識できる確率は70％ほどが限度でした。本国アメリカではこの70％部分が好意的に評価されていたのですが、日本では反対側の30％の誤認を指摘されることが多かったです。誤認のせいでもし問題になったらどうするんだ、誰が責任を取るんだ、という議論ばかりが白熱し、遠隔かつ自動で音声が認識処理される利便性を評価してくれるところはわずかだったのです。

私の会社だけでなく、音声認識システムを開発している多くの企業が、このような日本社会の風潮に難儀していました。21世紀になって20年以上も過ぎた現代でさえ、海外に比べて日本国内は音声認識技術がさほど普及しているとはいえません。これも日本の独特な価値観によるもので、ポジティブな面よりもネガティブな面ばかり見てしまう性格や、新しいものをなかなか受け入れ難い面が色濃く出ているように思います。ビジネス分野においては失敗が許されない雰囲気がいまだ強く、挑戦に対して消極的な傾向です。安全なほう無難なほうを選択する思考プロセスが定着しているため、音声認識技術を積極的に取り入れようとする企業が増えてこないのです。

こういった日本の100%至上主義というのは、音声認識のシステムだけにとどまらず、さまざまな商品を販売するうえで障害となりました。営業先の担当者はユニークな商品に興味をもってくれますが、稟議にかけると上層部からのゴーサインが出ず商談成立に至れなかった経験を何度もしています。

日本がアメリカのように70%の認識率を認めてくれる国であれば、音声認識のソフトウェアはもっと早くから評価され、よりスピーディーにさまざま市場へ展開されていったと思います。

音声認識というブルーオーシャンに飛び込めたものの、軌道に乗せる道のりは決して楽ではなかったということです。

音声認識技術だけでは大きなムーブメントとはなりませんでしたが、私自身は音声認識技術に非常に大きな可能性を感じていました。スピーチワークス社との協業で培った技術と経験は継承され、その後の商品開発に大いに活かされることとなります。

アメリカ同時多発テロ後に受注激減

スピーチワークス社と戦略的パートナーシップを契約した翌年の2001年、アメリカ同時多発テロ事件という、世界中を震撼させる未曾有の出来事が発生しました。多くの犠牲者を出し、世界中を恐怖と悲しみに陥れたこの一連のテロ行為は、その後の社会にも多大な影響を与えています。消費者の心理が消極的となり、企業の景況感も悪化し、経済の冷え込みは避けられませんでした。

日本の経済も、まるで時を刻むのを止めたかのようでした。新しいことを始めようとする企業が激減し、保守に徹する時期がしばらく続いたのです。

ＩＴバブル崩壊の影響余波もあり、ＩＴ業界はかなりの惨状となりました。多くの中小のＩＴ企業が苦境を経験することになります。私の会社も例外ではありません。受注し商品を納めることが収益の柱ですから、新規の受注がなくなってしまうと売上激減の大打撃を受けました。

倒産という言葉を意識したこともありました。しかし、その時期は私の会社とは関係なく取引銀行での業務トラブルが相次いでおり、月末処理のトラブルを避けるために顧客から早目に振込をしていただいたおかげで資金繰りが間に合ったこともありました。銀行のトラブルによって私の会社の信用を失わずに済んだのです。当時の深刻さを物語る思い出として今も脳裏に焼き付いています。

当時オフィスは新宿の高層ビルに入っていたのですが、資金難のため賃料を払うこともままならなくなっていました。このままでは相当厳しい状況になるということで移転を決めたのですが、移転コストをできるだけ抑えたく、一計を案じます。同じビルに物置として使われている賃料の安いフロアがあり、もともと倉庫用に一部屋借りていたのですが、さらに一部屋を契約し、二部屋分をオフィスとしたのです。つまりビル内での引っ越しです。移転に伴う出費を抑えつつ、月々の賃料もコストダウンすることができました。同時に、商品開発への投資を控え、とにかく今ある取引先との関係を維持することに努める省エネ経営に徹したのです。

このとき引っ越しを決断していなければ間違いなく資金はショートしていました。また、一時的に賃料の安価なビルのオフィスにランクを下げていたとしたら、以降の新規案件受託に難航した可能性があります。ソフトウェア業界では、顧客が仕事を発注する基準として、会社の所在地は大きな評価基準となります。ここで妥協をして別の場所へ移っていたら、会社の信頼は大きく失墜し、V字回復ができないまま行き詰まっていたはずです。

・「まだなんとかなるだろう」が最も危険

外的な要因で資金繰りに悩まされることは、企業の規模を問わずどこにでも起こり得ることです。アメリカ同時多発テロだけでなく、リーマンショックやコロナショックなど、これまでにもさまざまな外的要因によって資金難を経験しては、その都度、適切な資金繰り対策を敢行したことで山場を越えることができました。いつかまた経済が上向くだろう、と他人任せで何も対処しないでいたら、会社は今頃跡形もなくなっていたはずです。

ことベンチャーや中小企業は、基本的に毎日資金繰りで悩むことになると思っておいて差し支えはありません。トップにいる人間がどれだけ当事者意識や危機感をもつかで、その後の経営にも大きな差が出てきます。

お金の悩みにも段階があります。明日潰れるかもしれないという差し迫った悩み、そろそろ何か対策を打たないとまずいという悩み、そしてまあまだなんとかなるだろうという悩み、大きくこの3つの段階です。資金力のある大企業であれば、そろそろ何か手を打たないと、という段階で動き始めても遅くはありません。金融機関も大企業には喜んで手を差し伸べてくれます。しかし体力のない中小企業は、まだなんとかなるだろうくらいの段階から動き始めておかないと、大変なことになります。大企業と違って中小企業は融資を積極的に受けられる立場ではありません。もちろん、切り離せるような事業もありませんし、ましてそのような状態で、金融危機などの外的要因に襲い掛かられたら致命傷です。

ですから速やかに、まだなんとかなるだろうという段階で行動に移すべきです。売上が落ちてきた、顧客離れが起きてきたという段階で、察知することが肝心です。拡大しない経営では収入をいきなり伸ばすような対策を取ることは難しいです。そこでまずは支出の見直しで、先ほどの私のエピソードのようにコストを抑えられるところを探っていくのがよいです。

拡大しない経営の場合、新しい商品やサービスの開発など次へのチャレンジに予算を確保することを私は前提としています。資金繰りに危機感を抱いたら、次へのチャレンジをいったん止めることで資金を確保し、冬籠りの準備をすることができます。

オペレーター業務を効率化する「QuickCRM」の開発

コールセンター向けのシステムソフトウェアを開発するようになって以降、企業のコールセンターを実際に見る機会が増え、また現場担当者の話も聞くようになり、そこで起こっている現場の課題を知ることができるようになりました。

電話対応部分だけでなく、例えば会話の内容を登録したり報告にまとめたり、適切な手続きを行うため別の部署に顧客情報を送ったりなど、電話対応に紐づいてさまざまな業務をオペレーターが担うことになります。ある企業のコールセンターではこれらの業務はシステム化されておらず、それぞれのオペレーターが現場判断で、主に紙ベースで運用していました。システム化されていないため当然のように問題は起こるわけで、データの紛失や二重記載、報告漏れなどが頻発しており、現場で働く人たちの大きな不満の種となっていました。

そこで電話対応のシステムだけでなく、これらコールセンターの業務すべてを一括でシステム化し管理できるようなソフトウェアを提供したらいいのではないかと考えるようになりました。

2005年、顧客からの問い合わせに対応するため、オペレーターが使用する業務画面を音声応答システム（PGP）の発想と同様にプログラミングしなくても作成できるよう、テキスト入力、プルダウン、チェックボックス等、業務画面で利用するもろもろの機能をオブジェクトとして提供しました。これにより、これらのオブジェクトを組み合わせることで、プログラミングの知識がなくても業務画面が作成できるようになりました。これを「スクリーンデザイナー」という名称でリリースしました。

これを皮切りにしてデザイナーシリーズのソフトを開発していきます。書類を出力する「プリントデザイナー」、データを取り込む「インポートデザイナー」、進捗状況を確認する「プログレスデザイナー」など、業務内容の更新に合わせて現場レベルで改修が行える、オペレーターに寄り添った商品たちをつくりました。そしてこれらデザイナーシリーズを一括パッケージングし、誰でもすぐに運用ができることから「Quick CRM（クイックシーアールエム）」という商品名で2009年に販売を開始したのです。CRM（Customer Relationship Management）は2000年代から頻繁に使われるようになった言葉で、顧客管理を徹底することで、顧客満足度を上げて企業の収益につなげる手法のことです。

QuickCRMを実装することで煩雑だった業務が簡略化され効率アップして、コールセンターで起こりがちだったミスは激減、また迅速な顧客対応を可能にすることから、顧客満足度アップに貢献することができました。QuickCRMは現在も主力商品として活躍し、進化を続けながら、オペレーターの業務をサポートしています。

・顧客対応窓口が迎える新たな局面

２０１０年代に入ると、コールセンターの業務範囲はコール（電話）だけでなくメールやチャット、ＳＭＳ送信など、より幅が広がりコンタクトセンターと呼ばれるのが一般的となってきました。

私の会社が参入した当初は競合の少ない市場でしたが、ＣＲＭの流行とともに、外資系企業や上場企業など規模の大きな会社が競合として続々と参入しています。資金力の面ではこちらには分が悪いですが、積み上げてきた技術と経験に関してはどこよりも秀でているという自負があります。大規模コンタクトセンターも中小規模のコンタクトセンターも関係なく、多くの顧客に応援してもらえ、QuickCRMは大手に負けない実績を出すことができています。

現在ＣＲＭそしてコンタクトセンターの役割は新たなイノベーションを迎えようとしています。

顧客からのクレームや要望に応じる問い合わせ窓口は、企業にとっては余計なコストの源という認識が強くありました。その部門自体が利益を生み出しているものではないからです。しかし顧客との接点をつくる場所でもあり、ここでのサービス対応が悪いと顧客離れを起こしてしまうリスクも考えられます。ＣＲＭの概念が生み出されて以降、問い合わせ窓口での対応の質をいかにして上げていくかが企業の課題にもなってきているのです。

しかし顧客対応を担うオペレーターを増やしていくことは企業にとってはやはりコスト増となってしまいます。そこでいかにコストを抑えつつ、サービスの質を上げられるアイデアを提供できるかが、コンタクトセンター向けのソフトウェア会社にとってのミッションとなっています。

私が足掛かりとしているのは音声認識システムです。顧客の声を認識しこれに対して適切な処理を自動で行える仕組みがつくれれば、オペレーターを増員しなくても質の高い顧客対応システムが実現できます。しかし顧客の問い合わせ内容は千差万別であり、一つひとつの声に対して業務フローをつくるのは不可能です。そこでもう一つ新たな技術として注目しているのが、近年巷でも話題となってきているＡＩ技術です。

オペレーターが対応している機能をＡＩに代行させるためには、オペレーターの正しい判断方法と処理内容を正確に覚えさせることが必要です。QuickCRMを使用し、オペレーターの操作内容と音声認識を組み合わせることによって顧客の話した内容を理解し、正しく処理することができます。

簡単にいえばロボットのオペレーターを導入するようなもので、機械が音声認識し、なおかつ考えることができれば、日々学習し成長する自動の問い合わせ窓口をつくることができます。ＡＩでは判断できない問い合わせ内容であれば人間のオペレーターが対応し、その内容をすぐにその後の顧客対応フローに活かしていくようなシステムをつくります。

昨日よりも今日、今日よりも明日、顧客の満足度が日に日に向上していく、そんなコンタクトセンターを実現していけるソフトウェアをつくることが、私の会社の使命です。

音声認識分野で商品開発を経験し、技術を継承してきたからこそ、切り込める新しいコンタクトセンターの形づくりです。

拡大しないからこそ参入できた新領域

大きな組織の場合、新規分野への参入を計画する際は、まず綿密な市場調査から着手します。そこにどれだけのニーズがあるのか、売上や利益はいくらが見込めるのか、競合がどれだけいるのか、どれだけのリソースを注ぎ込むのが適切かなど、さまざまな角度から入念なリサーチを行って、社内でも慎重な議論が交わされます。十分な収益が出せる算段がつき、重役たちの賛成多数が確保されてようやく、新しい領域への参入が果たせます。

まったく新しい未知の新規事業領域において、ベンチャーがまず参入し、二歩も三歩も遅れて大企業が名乗りを上げるのは、大きな組織ゆえの石橋を叩いて渡る経営体質によるものだということです。

拡大しない経営であれば、そのような煩雑な過程は皆無です。そこにニーズがあるのであれば、課題があるのであれば、躊躇なく飛び込めます。

とはいえ闇雲に新規分野へ飛び込んでも火傷をするだけです。重要なことは、ゼロの状態からの参入ではなく、これまで培ってきたナレッジが活かせている領域へ飛び込むことです。何の積み重ねもないゼロからのスタートだと、後発組で資本力のある会社に競り負ける可能性は高く、推奨できません。

ダイアロジック社の声掛けで音声応答の世界へ躊躇なく入ったのも、これまで私が積み上げてきた技術を活かせば、他社には真似できない新しい商品が生み出せると予感したからでした。スピーチワークス社をきっかけに音声認識というブルーオーシャンを開拓できたのも、スピーチワークス社の技術と私たちの技術が合わされば、音声認識の第一線を歩めると思えたからでした。

ユニークな商品を開発し続けてきたからこそ、新しい縁を次々とつくることができたわけです。そしてその新しい領域でさらに技術力を伸ばすことができていったのです。その結果、コンタクトセンター事業に出会い、現場で起きている課題に真正面から向き合うことで、次の商品開発のアイデアを得ることができてきています。

音声認識技術は、日本では誤認率ばかり取り沙汰されて、当初は役に立たないという評価を下す人が大半でした。年々、音声認識は精度を増し、今やスマートフォンには標準装備されていますし、動画の自動文字起こし機能など、日常の生活でも活かされる場面が増え、市場は急拡大しています。もっと日本に新しい技術を受け入れる慣習があれば、音声認識分野で世界に名を轟かせる企業も出てきていたはずです。

新しいものを拒絶しがちな日本では、なかなか新しい技術をアピールして売り込んでいく機会が与えられないというのは課題ではあります。時代を先取りしたものを次々と開発していったにもかかわらず、それがなかなか受け入れてもらえず、資金繰りに悩まされる時期が続きました。

しかしこれまで培ってきたナレッジは確実に実を結びました。ｕｎＰＢＸをきっかけにコンタクトセンター向けのソフトウェア開発に軸足をおき、音声認識技術を早い時期から取り入れたからこそ、ＣＲＭ分野でほかには実現できない商品開発に挑むことができたのです。

まさに拡大しない経営を続けてきたからこその、求めずとも向こうからやってきた新領域への参入とロングセラー商品の開発、そして事業の活性化でした。

「現場の担当者が業務を構築できる」のが理想

私が製品を開発するときに一貫してコンセプトとしていたのは「現場の担当者が、自ら業務システムを構築できる」ということでした。現場の担当者は業務をいちばんよく知っているのですから、たとえプログラミングはできなくても、自ら業務システムを構築できれば最も効率的に現場で使えるシステムができるはず、というのが私の考えです。そのコンセプトやメリットはよく理解してもらいましたが、実際に自分で業務システムを構築する顧客はごく少数でした。その原因を考えてみると、現場の担当者が自ら構築するということは結局、その開発や保守を、一人の特定の技量や責任に依存することとなり、個人への負担が大きいことではないかと思い至ったのです。そこで担当部署全体がチームとして業務システムの構築を容易に行えるツールを提供しました。

まず、各種の業務に使用できるサンプル画面を用意し、容易に修正加工できる機能を提供しました。それは、業務で使用する機能や画面を、Excelに記述して構築できるという画期的なものです。もちろん、既存の画面作成ツールであるスクリーンデザイナーで作成した機能や画面をExcelに出力することもできます。これにより、動作している業務アプリケーションがどのような設定内容になっているかをチームで共有することができますし、流用や修正も簡単にでき、修正によるデグレ（機能後退）も防げます。また、よく使用する機能を個別のExcelに出力して保存しておけば、ソフトウェアライブラリーとして登録することもでき再利用しやすくなります。業務アプリケーションを一人で一から構築しなくてもライブラリーや既存の画面から必要なモジュールを取り出し組み合わせて構築できるようになります。

さらに、作成した業務アプリケーションから自動的に「業務詳細説明書」を出力する機能も追加しました。これは、実際に動作している業務アプリケーションの内容を自動的に出力するというものです。保守も再利用も楽になり、さらに開発期間は短く精度は高まり、属人化を防ぐこともできます。現場の方がチームとして業務システムを構築・保守できれば、「自ら業務システムを構築できる」というコンセプトを過負担なく実現できます。

第5章

システム開発一筋40年、
社員30人という“完成形”
ナレッジを蓄積し
ニーズに応え続けられる
老舗企業へ ——

拡大しない経営の行動基準は「継承できるかどうか」にある

小さな組織の会社が拡大しないで経営を続けていく秘訣は、これまで培ってきたナレッジが必ずなんらかの形で活かせるものに挑戦し続けることです。老舗の和菓子店や伝統工芸品も、これまで培ってきたノウハウを活用しながら、時代に合わせて新しいものを生み出しているからこそ、今日まで親しまれ続けています。芯を変えずに、継承しながら、新しいことを続けていくことが肝心なのです。

私がハードウェア商品をつくっていた際も、引き続きハードウェアをつくっていくべきか否か、決断を迫られることがありました。結局、ハードウェアは私の専門外であり、製作も外注していたため継承させていける部分が少ないと考えたうえで撤退を決め、ソフトウェア事業だけに専念するようにしました。

この決断が正しいかどうかは分かりません。もしかしたらハードウェアメーカーとして拡大を続ける会社になっていた未来も考えられます。しかしそれだと自分のやりたいことができなくなってしまったでしょうし、大手の競合に負けていた可能性もあります。

私は社長の座を誰かに譲って、また新しい会社を立ち上げていたはずです。

やはり社員30人という現在の会社の姿が、そして当初の野望どおりユニークなソフトウェア開発を続けているのが、私にとって最もしっくりくる規模感の経営であると考えています。

市場が盛り上がっているとかそうでないとか、これからのトレンドがどこへ向かっているとか、それらは拡大しない経営においてはさほど重要ではありません。もっと大事なことは、継承できているかどうかということです。その視点で経営判断を下す采配力が求められます。

継承によって生まれるユニークな商品たち

受託開発で売上を立て、技術を積み重ね稼ぐ力を養い、念願のオリジナル商品開発に至ったのは会社設立から8年後のことです。商品第一号は、シングルタスクでしか動作しなかった当時のMS-DOS上で、プログラムを並行処理させる「マルチタスクモニター」でした。8年間で少しずつ改良を重ねて、商品として耐え得る質に仕上げてのリリースで、ほかでは見られない発想に基づいたユニークな商品として注目を集めました。この商品に興味を抱いたダイアロジック社から声が掛かり、音声応答システムの領域へ参入、マルチタスクモニターの技術を受け継ぎ1台の電話から複数の連絡先へ同時にメッセージを残すソフトウェアを開発しました。

1990年代に入るとコンピューターは飛躍的な進化を遂げ、新しいOSに対応した商品開発が急務となります。Windowsのもつグラフィック面での特性を活かした音声応答ソフトウェアを開発、その後もこれまでのナレッジを活かしながら時代のニーズに合わせた新商品を立て続けにリリースしていきました。コストを抑えながら導入できるソフトウェアたちは、特に中小規模のコンタクトセンターに好評を博し、たくさんの支持者を集めることができたのです。さらにスピーチワークス社からのM&A打診を皮切りに音声認識技術も商品に取り入れ、コンタクトセンターの業務を効率化するソフトウェアパッケージの開発に力を入れるようになっています。Windowsベースでつくられていたソフトウェア環境は時代の流れとともに移ろい、ブラウザベースとなり、現在はクラウドベースのものへと移行しています。

そして現在、外資や大手が続々と参入しているコンタクトセンター業界ですが、競争が激化するなかにあっても、私の会社は多くの顧客からの支持を受けて、現在も音声応答やCRMの分野でシェアを獲得することができています。

これまでのナレッジを継承したものを次の新しい商品やサービスの土台とすれば、ゼロからつくり上げる必要はなく、商品開発期間も短く済みます。拡大しない経営ならではのスピード感で世に送り出していけば、時代に取り残されることなくその得意分野での最先端をいくことができるわけです。継承というのは、拡大しない経営を続けるにあたって非常に大事な発想の根源となるのです。

多機能より唯一無二の独自性を磨け！

私がかれこれ40年以上も、社員30人の規模で経営を続けてこられたのは、継承されてきた技術を用いて、ユニークな商品を出し続けてきたからにほかなりません。

バブル崩壊以降の日本経済は、冒険をしない保守的な道をひた走るようになりました。特に大企業はレガシーにしがみつき、まったく新しいユニークなものを生み出していこうという風潮が途絶えてしまったように感じます。

例えば1979年にソニーが発売したウォークマンは、外に音楽が持ち運べるという、シンプルながら非常にユニークな発想から生まれた画期的な商品でした。ウォークマンはそのユニークさゆえに、販売当初の消費者の反応は芳しくはありませんでした。しかし営業員たちの果敢な販促活動が功を奏し、次第に認知度を高めていき、世界中で愛用されるムーブメントを巻き起こしました。外で音楽を聴くならウォークマン、という新しい概念を地球規模でもたらしたのです。その後、カセットテープからCD、MD、内蔵メモリと媒体を変えていき、さらにコンパクト化していき、音質も向上し、ウォークマンは機能を充実させることに軸足をおいてきました。一方で類似商品も増えていき、外に音楽を持ち運ぶ際に便利な機器はウォークマンだけではなくなりました。現代では音楽を聴くならスマートフォンで事足りる時代となり、ウォークマンを使っている人のほうが少数派となっています。外に音楽を持ち運ぶのは当たり前の発想となり、外で音楽を聴くならウォークマン、という概念は覆っているのです。

ウォークマン以降、あくまで私の感じるところの話ですが、日本発で世界を魅了させた電子機器は生まれていません。

かつての日本には、ウォークマンのような発想に基づいたユニークな商品が次々と生まれていました。しかしそれらレガシーにとらわれ過ぎて、その商品に機能を充実させることだけに固執してしまったことが仇となったのです。

原点に立ち返れば、外出先でも音楽が聴ける機器、というユニークな発想があったからこそのウォークマンへの絶大な支持でした。商品がヒットし発展した原動力はその発想力だったにもかかわらず、それを忘れて今ある物を盛り付けることばかりにとらわれてしまったのです。このようなことになったのは、日本がそもそもユニークなものをなかなか受け入れられない民族性をもっているからなのかもしれません。

このまま日本がユニークな発想をしなくなり、またはユニークな発想を認めない社会のままでいたら、残念ながら日本はさらにさらに世界からおいてけぼりを食うことになります。

私自身、ユニークな商品を引っ提げてプレゼンを行う際も、何度か苦汁を飲まされてきました。唯一無二な発想には目もくれず、あの機能はないのか、この機能があれば買ったのに、という減点方式で評価を下されてしまい、取引成立までに至れないことが多かったのです。結局は多機能で新規性の見られない有名企業の商品が選ばれるという経験を何度もしてきました。

・性能よりもまず発想から

既存のものに安定を求める人が多いという一方で、私のユニークな発想を認めてくれ、ずっと商品を支持してくれている顧客もいます。大きい組織であれば、多機能の商品で手広く売ることが経営を続ける正攻法になります。しかし、拡大しない経営でニッチな市場を視野に入れて戦っていく私たちは、とにかく唯一無二のものを磨いていくべきです。そうすれば、そのユニークな発想のものを求めていた人たちが必ずファンになり、経営基盤の大きな柱となってくれます。しかも自分たちならではの独自性が高いものを提供しているのですから、顧客が他社へ移ってしまう心配もほとんどありません。

つまり経営を長続きさせるうえで大切なことは、常にユニークな発想をしようという気持ちでいることです。

もちろん、売れ筋の商品に力を入れて、その後継版を送り出すことにも力を入れるべきです。しかしその一方で、これまで培ってきた技術を活かしながら、新しい発想に基づいた自社ならではのものを生み出していかなければ、企業の本質的な力は養われません。これはあらゆる業種においても共通して念頭においておきたい経営の原則です。発想を怠り、過去の成功例にしがみついてしまったら必ずどこかで落とし穴にはまります。常にユニークなものを求めていくことこそが生き残りの道なのです。

私が自分の事業のなかで現在考えているユニークな発想は、顧客の問い合わせ窓口であるコンタクトセンターを、コストセンターからプロフィットセンターへと転換していくというものです。音声認識やAI技術を駆使したコールセンターを構築し、コストをスリム化することがまず念頭にあります。加えて、顧客の情報データを蓄積し適切に加工しデータベースへ反映させることで、同じトラブルや悩みを抱える顧客がいなくなるように最適化することを目標としています。このシステムが構築できれば、コンタクトセンターが動けば動くほど、会社には大きな資産が蓄積されていくことになります。問い合わせ窓口がまさしくプロフィット、利益をもたらす場所になってくれるのです。会社にとっては問い合わせがゼロになることが最もコストがかからないという発想を、問い合わせが来れば来るほど会社の利益になる、という発想へ塗り替えることを目標とし、次のソフトウェア開発の足掛かりとするのです。

独自の発想があればこそ、次へ進むための活力となります。ウォークマンほどのセンセーショナルで人々の文化や生活を激変させるものでなくてもいいのです。拡大しない経営ですから、狭い層に向けた新しい発想でもいいのです。

物真似だけでは継続できない

私がこれほど何度も、ユニークな発想を追求せよ、独自性のあるものをつくれ、物真似だけではいけない、と訴えるのにはわけがあります。物真似だけだと失敗ができないからです。

他社の真似をすればある程度の完成度をもったものができます。しかしその過程には試行錯誤がありません。ほかにはない自社ならではのナレッジというものは、失敗と工夫からのみ生まれます。その経験を積めないというのは、企業の継続的な運営を成し遂げるうえで大きな障害となります。

物真似だけでも一時的には結果が出るかもしれませんが、消費者から見向きもされなくなったら速やかに次のはやりものの物真似に走らないといけません。いつまで経ってもナレッジは身につかないので、ごまかしごまかしで経営を続けていくことになります。似たような物真似で経営を続けている会社も続々と同じ市場に参入し、競争が激化していきます。最終的には粛々とナレッジを積み重ね続けてきた、本質的な力を養っている企業だけが残っていきます。

日本のロケット開発の第一人者である糸川英夫氏に関するこんなエピソードがあります。

国内で人工衛星打ち上げ計画を推進する際、組織内部では欧米技術の後追いをする案が出されていました。しかし糸川氏はこれに猛反対し、国産の技術で勝負することを終始訴えました。

確かに欧米の真似事をしたほうが失敗の可能性は低く、低コストで人工衛星を打ち上げることができたと思います。しかし、コピーするだけでは日本の技術の底上げにはならないと糸川氏は繰り返し主張したのです。何度も失敗をしながら、経験を積み重ね、成功への工夫を凝らし、技術を蓄積していくことこそが、日本が宇宙開発の第一線に立つための最短の選択であると糸川氏は言いたかったのだと思います。現在の日本の宇宙開発技術は世界に誇るものとなっていますが、それは糸川氏のこの考えが根底にあってのものだといえます。

もちろん誰しも最初は見よう見まねから始まります。私もプログラムを覚えたての新入社員時代は、他社製品の複数のプログラムをパッチワークするようなやり方で基礎力を磨いてきたものです。受託開発だけで凌いでいた時代も、A社が使っているようなシステムをつくってよと、真似事みたいなオーダーに対応することは幾度もありました。しかし、その事業だけに甘んじて経営を続けていたら、いつかは競合だらけのレッドオーシャンのなかで疲弊するか、大手の波にさらわれて廃業を余儀なくされていたと思います。

真似事で培った力と、自社ならではのユニークな発想を組み合わせて、自社商品を積極的につくってきたからこそ今の技術力があります。商品化にまで至らないものもありましたし、売れ行きの芳しくなかったものもありました。しかしその経験もナレッジとして蓄積できたからこそ、今も経営を続けることができ、新しい商品を生み出す発想の源を枯らすことなくここまで来られているのです。

私を含めて多くの人が天才ではありませんし、何もないところから新しいものを生み出すことはできません。まずはコピーをしていくことは欠かせません。しかしコピーだけでは継続力にはつながらないのです。

ヒアリングに創造なし

Apple社の創業者の一人であるスティーブ・ジョブズは、1989年、「Inc.」誌インタビューにて次のような言葉を残しています。

「消費者に何が欲しいかを聞いて、それを与えるだけではいけない」

ジョブズは市場の声に耳を傾けるだけではなく、自身の心の声に耳を傾け、自分が本当につくりたいもの、世に送り出したいものが何かをとことん考え抜きました。そして常人では計り知ることのできない努力と試行錯誤の末に誕生したのが、これまでのコンピューターの常識を覆した小型で高性能、グラフィカルな動作をするMacintoshであり、気軽に持ち運べ直感的な操作でさまざまなアプリケーションが起動できるiPhoneだったというわけです。これらは消費者の欲しいものだけを形にし続けていたら、決して生み出されなかったジョブズならではのユニークな発想による作品たちです。

ジョブズが語るように、ヒアリングだけではこれまでにない新しいユニークな商品を生み出すことはできません。ヒアリングから出てくる程度のアイデアは、誰にでも思いつくものというわけですから、すでに世の中に存在しているものと考えていいわけです。

多くの人は新しい商品開発のヒントを得るため、マーケット調査とか顧客アンケートなどを実施し、消費者の声を拾い上げようと躍起になります。しかしこれが罠の始まりなのです。

日本は消費者の声に耳を傾け過ぎていたように思います。そしてその概念が定着し過ぎているために、事業を起こした人もついつい同じ過ちを犯し、自分の心の声に耳を傾けるのを止め、周りの声ばかりを集めようとしてしまいます。

私はヒアリングを商品開発のヒントにすることはありません。もちろん、現場に赴いて顧客の声を聴くことはあります。しかしどちらかというと現場を見渡して、本質的にどんなことに悩んでいるのかを見るように心掛けています。

会社を設立した直後の話です。ある営業先の現場に赴いた際、そこで働くオペレーターたちがひどくイライラしているのを見て取ることができました。そこで、何でお困りですか、と声を掛けたところ、システムを組むエンジニアに対する不満が噴出しました。こちらの要望しているシステムをエンジニアたちが組んでくれないというのです。そして、どうやったらうまくエンジニアにこちらの欲しいシステムを伝えられるか、現在使っているシステムの改善点を見いだそうと必死になっていました。一方のエンジニア側も、どうやったら現場の期待に応えられるシステムが組めるのか、必死になってプログラムを組んでいました。

その両者の葛藤を見て、それならば、現場のオペレーター自身が理想のシステムをつくればいいのではないかと私は気づいたのです。要するに、エンジニア並みのプログラム技術がなくても、現場の人間がシステムを構築できる、そんなソフトウェアを開発したら、彼らの抱えている課題が一気に片付くと思ったのです。

こうして生まれた商品のコンセプトが「お客さま自身でシステムをつくれる」であり、今もこのコンセプトを根幹としてユニークなソフトウェアの開発に勤しんでいるわけです。私が現場のヒアリングだけをしていたら、このまったく新しい発想に至ることは決してなかったといえます。

マルチCPUボードも新しい発想から生まれたものでした。当時はコンピューターの中に優れたシステムを組み入れて機能を強くすることに誰もが躍起になっていましたが、そもそもコンピューターの性能に限界があり頭打ちの状態でした。それならば、コンピューターの外にシステムをつくってそこで処理させて、必要なデータだけパソコンに送るのはどうだろう、という発想から生まれたのがマルチCPUボードだったのです。

これもまた、現場のヒアリングからは生まれることのなかった商品です。

創造はヒアリングの外にあります。顧客や消費者の声を聞くことは大事ですが、それだけに終始しないことが大切です。自分の心のなかにも問いかけ、自分が本当にいいと思うもの、これだというものを形にすることが欠かせません。

会社・商品・サービスの「表現力」を育てよ

拡大しない経営を続けていくうえで意識しておきたいのが、全社員の表現力を育てていくことです。業種業態によってさまざまな能力や知識が必要となりますが、表現力はどんな会社であっても重要なスキルであり、持続的な経営を続けるうえで大きな役割を果たしてくれます。

表現力とはすなわち、自社のもっている商品やサービスがいかにすばらしいものであり、顧客の悩みや問題をどのようにして解決できるのかを、自信と熱意をもちながら、端的かつ魅力的に伝える力です。

イメージとしては職人気質に近いかもしれません。職人は仕事やつくっているものに対してプライドを高くもっています。ですから、どんな仕事をしているのか、どういった技術をもっているのか、といった問いかけをすれば、分かりやすく魅力的な表現で答えてくれます。いかにその仕事に対して愛着をもっていて、技術に自信があるのかが、表現のなかからありありと伝わってきます。それが直接その人の魅力につながりますし、その人の仕事やつくるものへの興味づけにもつながります。少ない人数で経営していく会社は、全社員がこういった職人のような気質やプライドをもつことが望ましいと考えています。

表現力は私の会社でも常に大きな課題として掲げています。社長である私自身も意識していますし、社員にも伸ばす機会を与えるよう心掛けています。例えば顧客からシステム改良について要望があったとして、それを解決するにはどういった提案をすればいいのか、全社員にレポートを提出してもらうようにしています。営業職や総合職や技術職など職種は関係ありません。導入すべき最適なシステムはどんなもので、どういったメリットが顧客に付与されて、納期や価格はどのくらいのものになるのか、表現力を駆使してレポートを作成してもらうのです。

自社の商品を取引先の反応が最もいいようにプレゼンできるのは、社長である私です。これは自信があるからそう考えているのではなく、社長が商品のことを誰よりも知っていなければならないと思っているからです。しかし社員たちも、職種の垣根を越えて、自社の商品のコンセプトやメリットを理解し、顧客に自信をもってプレゼンできる表現力をもっていてほしいと思っています。

拡大しない経営は誰一人として欠けてはならない、少数精鋭での経営を続けることになります。もし一人でも自社の商品に対して愛着をもてない人がいたら、それだけで会社は推進力を弱めることになってしまいます。全員に理念が浸透していて、全員が同じ方向を向いているからこそ全速力で進めるのです。

社内では技術職だったり総務職だったりという役割が与えられていても、社外に一歩出れば会社の看板を背負った一社員、周りから見れば役割など関係ありません。営業だからシステムのことは分からない、技術職だから費用については分からない、というのは許されません。いつでも商品に対しての知識や性能を披露できるよう、表現力を磨いていってほしいというのが私の切なる願いです。

表現力の養成は大企業ではなかなか実践できないものです。役割が完全に分担されているため、自社の商品やサービスのことを何も知らない部署があっても不思議ではありません。自分の仕事や扱っている商品やサービスに対するプライドを高めるチャンスが少ないのです。

この点で拡大しない経営は有利であるといえます。表現力の養成のため、常に理念の浸透は心掛けたいですし、日頃起きている些細なことも情報共有できる会社経営を目指すことができます。また、小さな組織であるメリットとして、規則にとらわれないフレキシブルさがあります。私の会社では、就業規則上の昇給時期は年1回ですが、世の中の動向や社員のモチベーション向上を目的として、ルールとは別に3カ月ごとに昇給のチャンスを与えています。その期間に改善案なども含む「良い仕事」をした社員に、すぐに報いることができています。

私の会社はこれまで入居していたビルの建て替えに伴い、2023年3月にオフィスを移転しました。新オフィスではデスクを固定にせず、社員が毎日気分で好きな席を選ぶフリーアドレスにしています。こうすることでより職種間の垣根が取り払われ、顧客とのトラブルの対処法や、効果的なプレゼン方法、自社商品に新しく搭載される機能のメリットなど、さまざまな情報共有が行われるようになると期待しています。これも表現力を伸ばしていく要因の一端となっていくはずです。

このように、拡大しない経営ならではの表現力を豊かにしていく方法はいろいろ考えられます。

顧客本位のビジネスモデル

ユニークな発想に基づいてここまでたくさんの商品を開発してきましたが、それらには共通して、顧客自身がシステムを構築できるコンセプトを付与してきました。技術者に依頼をしなくとも、業務担当者が自分で業務フローを改良構築できるソフトウェアを一貫してつくり続けてきたのです。

顧客が使い方を身につけられず、私たちがシステム構築を手伝うことも多々あります。私たちのつくる商品のコンセプトが完全には理解してもらえないこともあるわけですが、実はそこはそれほど重要なことではありません。このコンセプトを通して、顧客にソフトウェアの中身が「丸見え」になっていることが重要なのです。

ソフトウェアがどんな動きをしていて、どうすることでシステムを構築できるのかを、顧客は知ることができます。私たちがシステム構築を手伝う場合も、どのような工程が必要で、コストはどのくらいで、納期がどの程度かを、顧客側もある程度想定することができるわけです。

これがもし一方通行でシステムの中身がブラックボックスだったらどうなのか、その場合、顧客側は開発会社が出してくる見積もりを鵜呑みにするしかありません。見積もりに書かれている価格や納期が適正なのかどうかも判断できないのです。これはアンフェアで顧客の視点に立てていない、顧客にまったく寄り添えていないやり方といえます。

多くのソフトウェア開発の現場は、受注開発や技術者が派遣されての開発となっています。これだと開発サイドは案件のたびにゼロからシステムを構築することになり、その分時間もコストもかかってしまいます。もし1件で培った技術を50%継承して次の案件に臨むことができれば、単純に時間もコストも50%削れるわけです。にもかかわらず、それを実践せずに淡々とゼロからの開発に取り組むソフトウェア会社がたくさん存在します。

そのような非効率的なことをしている理由として考えられるのは、その手法でないと開発会社の経営の体力がもたないからです。ゼロからつくり、人材を大量に投入し、大きな対価を受け取るという経営をしないと黒字を出せないために、工程をブラックボックスにして経営を続けている企業があるということなのです。それはその企業が拡大を続けてきて、ちょうどいいサイズを超えてしまったことによる代償ともいえます。

ちょうどいいサイズで経営をしていれば、そんなアンフェアなことにはなりません。私の会社では顧客の視点に立って、コストを抑えてシステムが組めるよう、継承によって生み出されたソフトウェアを活かし、顧客の要望に応じて最適なシステムを構築します。顧客自身が手を加えることができ、中身を可視化できる、このコンセプトはこれからもずっと変えることはありません。

・マーケットの反応がすべて

今後も私は顧客の視点に立ち、顧客が望んでいる商品を開発していくことに全力を注ぎます。売れる保証がゼロであっても臆することはありません。それが必ず顧客のためになると信じればこそ、躊躇なく挑んでいくことができます。販売実績が振るわなくても、またすぐに別の発想から商品開発をすればいいだけの話です。必ずその技術は会社の資産として活かされます。そして何より、つくることが楽しくて起業したのですから、売れる売れないはさほど重要視しなくていいのです。商品のコンセプトを理解してくれる支持者がいれば、あとから必ず結果はついてくるのですから、リリース前から気にする必要はありません。

顧客の反応が悪かった場合にはそれを受け入れ、方針を変える身軽さは重要です。撤退を決めたらいち早く社内全体に伝達し次のステップへ移行できるのも、拡大しない経営ならではです。

起業をするということは、自分の商品やサービス、技術が評価され、売れるか売れないかですべてが決まる世界に参入するということです。会社員時代は人生の一部の時間を捧げることで評価をされてきましたが、評価軸が完全に変わります。そこに生きがいや働きがいを見つけられたら、必ず幸せな起業となります。臆さず、信念をもって、自分のやりたい経営を貫けば、結果は自ずとついてくるはずです。

おわりに

創業時から拡大を続け、今もなお創業時の楽しみを失わずにいられる経営者はごくまれであり、相当な器をもった天才だと思います。その人だからこそ実現できたことであり、なかなか真似のできる芸当ではありません。

多くの経営者は、組織を拡大していこうとすれば起業当初の志を貫くことが難しくなり、経営の楽しさが段々と失われていくことを実感します。しかし、ちょうどいいサイズで拡大するのを止めて、やりたいことと好きなことだけに取り組むというのも、一つの経営手段として十分に成り立ちます。そこに天才的な素質や超人的な経営マネジメント力というのは求められません。

技術の進歩や制度の見直しによって、起業は以前よりも楽にできるようになりました。一方で、市場のグローバル化や人口減少などの要因から、継続することはかなり難しい時代になったと感じます。

本書で一貫して提案してきたのは、起業家や起業希望者たちのそういった悩みに一つの答えを提示するため、拡大しない経営で継続していくための秘訣でした。

理念やコンセプトを強くもつことや、継承を大切にすることを忘れずにいれば、やりたいことをやり抜く拡大しない経営で長く商売を続けられるということを伝えたかった次第です。

私のような、起業時はまったく社長らしいタイプではなかった人間でもこのようにして40年以上経営を続けてこられたのですから、本書で紹介してきたエッセンスを参考にして経営すれば、きっとうまくいきます。会社を支えてくれるファンが増えていき、ナレッジが蓄積されていき、愉快で迷いのない経営を続けることができるはずです。

私の仕事は、起業時は紙と鉛筆だけでした。今ではパソコンは当然必須ですし、音声認識やAIといった最先端の技術も取り入れて、時代ごとでチューニングしながら新しいものを生み出しています。

仕事の取り組み方は変容を続けていますが、つくることの楽しさを満喫している点に変わりはありません。ものがつくれて、販売できて、顧客に喜んでもらえることが、ビジネスを継続させる力になっています。「青い」と言われるかもしれませんが、自分で決めたこと、やりたいことが評価されたとき、起業して良かったと心から思うことができます。これが私の仕事の原点ですし、これから先も目指していく究極の到達点です。

拡大しない経営のメリットや、続けていくうえでのマインドが、本書を通して理解してもらえたのであれば幸いです。

やりたいことだけをやり抜いて評価される世界を満喫できる仲間が増えることを願って、本書の執筆を終わりにしたいと思います。

2023年5月

水尾恒雅

〈著者紹介〉
水尾恒雅（みずお つねよし）
1970年代に大学卒業後、イタリアに本社のある「日本オリベッティ」に入社、ミニコンピューターを利用したシステムの開発に従事する。入社10年後にソフトウェアメーカーを立ち上げたいという夢をもち1980年6月に株式会社MITシステム研究所を設立。受託開発をしながら「マルチタスクモニター」「マルチCPUボード」をリリースし、大蔵省（現：財務省）から通関システムに採用されるなどの実績を積み、米国ダイアロジック社のオープンデベロッパーに認定される。以降、音声応答システム、PCサーバーを利用したPBXシステムを開発、大手メーカーとOEM契約を締結し、コンタクトセンターで顧客と接する部分（音声応答、音声認識、CTI、CRM等）の商品化、クラウド化を進めている。2023年3月、本社を新丸の内ビルディングに移転し、ますます新しいソリューションの提案に意欲を燃やしている。

本書についての
ご意見・ご感想はコチラ

拡大しない経営

2023年5月11日　第1刷発行

著　者　　水尾恒雅
発行人　　久保田貴幸

発行元　　株式会社 幻冬舎メディアコンサルティング
〒151-0051　東京都渋谷区千駄ヶ谷4-9-7
電話　03-5411-6440（編集）

発売元　　株式会社 幻冬舎
〒151-0051　東京都渋谷区千駄ヶ谷4-9-7
電話　03-5411-6222（営業）

印刷・製本　中央精版印刷株式会社
装　丁　　村上次郎

検印廃止

Printed in Japan
ISBN 978-4-344-94486-2 C0034
幻冬舎メディアコンサルティングＨＰ
https://www.gentosha-mc.com/